Julia Spindler

ALLERBESTE FREUNDINNEN

FSC
www.fsc.org
MIX
Papier aus ver-
antwortungsvollen
Quellen
Paper from
responsible sources
FSC® C105338

1. Auflage

Deutsche Erstausgabe September 2020

Herstellung und Verlag: BoD – Books on Demand,
Norderstedt
ISBN: 978-3-7519-84393

Illustrationen: Julia Spindler

Impressum
Julia Spindler
Clessgasse 65
1210 Wien
julia-spindler@gmx.at

*Für alle Kinder, die auch schon ausgelacht
oder geärgert wurden, weil sie ein
bisschen anders sind. Anders sein heißt
eigentlich besonders sein.*

Für alle meine Freunde

Liebe Leserin, lieber Leser!

Ich freue mich sehr, dass du hier bist und meinen Kinderroman lesen möchtest.

„Allerbeste Freundinnen" ist eine Geschichte über Freundschaft, aber sie erzählt auch von schlimmen Dingen wie Mobbing, Krankheit und Trauer.

Falls du so etwas selbst schon einmal erlebt hast oder dir nicht sicher bist, ob du allein über diese Themen lesen möchtest, rede mit einem Erwachsenen über die Geschichte oder lies sie mit deinen Eltern, großen Geschwistern oder einer anderen Vertrauensperson gemeinsam.
Genauere Infos zu den Krankheiten, die im Buch beschrieben werden findest du außerdem auf den letzten Seiten.

Ich wünsche dir von Herzen alles Gute und eine schöne Lesezeit mit meinem Buch!

Deine Julia Spindler

INHALTSVERZEICHNIS

EIN SCHULTAG WIE JEDER ANDERE

Meine neuen rosa Schuhe glitzern, als ich sie anziehe und ein paar Sonnenstrahlen durch unser Fenster ins Vorzimmer scheinen. Wie eine Prinzessin will ich mit ihnen aussehen.

„Hast du deine Hausaufgaben auch eingepackt, Mila?", fragt meine Mama, die neben mir im Vorzimmer steht.

„Ja, schon gestern Abend", antworte ich und ziehe den zweiten Klettverschluss von meinem Schuh zu.

„Du bist wirklich eine brave Schülerin", lobt Mama mich.

Alle meine Lehrer sagen auch immer, dass ich eine brave Schülerin bin. Aber manchmal wäre ich auch gerne ein bisschen weniger brav und würde mehr Blödsinn mit Freundinnen machen. Aber die Sache mit dem Freunde finden, ist für mich nicht so einfach.

Heute ist ein sehr sonniger Morgen und ich brauche nur noch eine Weste anzuziehen. Jetzt beginnt der Frühling endlich richtig. Aber eine Mütze trage ich trotzdem, so wie jeden Tag. Ich habe nämlich keine Haare mehr und meinen kahlen Kopf verstecke ich immer unter Mützen und Kopftüchern. Die meisten Leute finden es komisch, wenn ein Kind keine Haare mehr hat, vor allem bei einem Mädchen. Für mich ist es eigentlich normal, weil ich weiß, dass ich eine Krankheit habe, die kreisrunder Haarausfall heißt und dass wegen dieser Krankheit alle Haare auf meinem Kopf ausgefallen sind. Das ist schon passiert, als ich drei Jahre alt war.

Aber natürlich wünsche ich mir oft, dass meine Haare wieder wachsen würden und ich eine ganz lange Prinzessinnen Frisur haben könnte, so wie in meinen Büchern. Aber leider kann man meine Krankheit nicht heilen und auf meinem Kopf ist in den letzten Jahren kein einziges Haar gewachsen.

Warum das so ist, habe ich noch nicht ganz verstanden. Der Arzt, der uns meine Krankheit erklärt hat, war kein Kinderarzt und weil ich erst neun bin, habe ich nicht genau kapiert, was er

meinen Eltern erzählt hat. Aber es gibt wohl
Teilchen in meinem Körper, die eigentlich gegen
Krankheiten wie Husten und Schnupfen
kämpfen sollten. Bei mir kämpfen diese Teilchen
aber gegen meine eigenen Haare am Kopf. Aber
warum sie das machen, das konnte uns der Arzt
auch nicht erklären.

Und hier könnt ihr mich sehen:

In der Schule habe ich einen Tisch für mich allein. Heute Morgen sitze ich wie immer auf meinem Platz und warte, bis der Unterricht beginnt, während die Buben Papierflugzeuge basteln und eine Gruppe von Mädchen plaudernd neben mir steht. Ich höre, dass sie darüber reden, was sie in der großen Pause im Schulgarten spielen wollen. Ich würde sie gerne fragen, ob ich mitspielen darf, aber ich habe zu große Angst, dass sie nein sagen. Bis jetzt wollte keine von ihnen meine Freundin sein. Und Jasmin und Marlene sagen mir manchmal, dass ich wie ein Junge aussehe, weil ich keine langen Haare habe und deshalb nicht mit ihnen spielen darf. Darüber bin ich dann oft sehr traurig. Deswegen finde ich es gut, dass sie mich heute Morgen wenigstens in Ruhe lassen.

Unsere Klassenlehrerin, Frau Arnold betritt unsere Klasse und begrüßt uns mit „Guten Morgen liebe Kinder!" Dabei lacht sie genauso nett und freundlich wie immer.

„Guten Morgen Frau Arnold!" ertönen die Stimmen von zwanzig anderen Kindern und von mir. Dann setzen sich endlich alle hin, auch die, die gerade noch mit spielen und basteln beschäftigt waren.

„Habt ihr die Hausaufgaben in Mathematik gestern alle verstanden?", will Frau Arnold von uns wissen.

Ein paar Schüler antworten mit ja, andere nicken und andere sagen gar nichts. Ich nicke auch und Frau Arnold schaut zu mir.

„Warst du wie immer fleißig, Mila?" fragt sie mich, „möchtest du das erste Ergebnis auf die Tafel schreiben?"

„Ja!", antworte ich ihr, laufe nach vorne und nehme ein Stück Kreide. Damit schreibe ich die Rechnung auf.

$$154 : 7 = 22$$
$$14$$
$$OR$$

„Sehr gut, Mila, richtig!", lobt mich Frau Arnold und ich darf mich wieder hinsetzen.

In Mathe bin ich immer schon gut gewesen. Und auch alle anderen Fächer gefallen mir meistens ganz gut.

Als ich wieder auf meinem Platz sitze höre ich Jasmin hinter mir reden.

„Sie ist nur so gut in der Schule, weil sie keine Freundinnen hat", sagt Jasmin zu Marlene, die neben ihr sitzt, „weil niemand mit ihr spielen will, lernt sie eben den ganzen Tag. Sonst hat sie nichts zu tun."

Wenn ich mutig wäre, würde ich mich jetzt umdrehen und Jasmin sagen, dass sie dumm und gemein ist. Aber ich bin nicht mutig, ich bin nur traurig. Schließlich kann ich nichts dafür, dass die anderen nicht mit mir spielen wollen. Und außerdem stimmt es gar nicht, dass ich den ganzen Tag lerne. Ich koche mit meiner Mama, male viele Bilder und bringe meinem kleinen Bruder das Sprechen bei. Aber das weiß Jasmin natürlich nicht, weil sie mich gar nicht richtig kennt.

In der dritten Stunde haben wir heute Turnen. Turnen mag ich nicht, weil ich immer Angst habe, dass meine Mütze, die ich trage wegrutschen könnte, wenn ich mich bewege. Und auch das Umziehen mit Mützen und Kopftüchern ist schwierig. Zum Glück geht heute alles gut und ich laufe erst einmal erleichtert in die Turnhalle.

Frau Arnold sagt, wir sollen ein paar Runden im Kreis laufen, um uns aufzuwärmen. Ich ziehe die Mütze noch einmal fest auf meinen Kopf, dann fange ich an zu rennen. Meine Beine sind flink, aber weil ich so klein bin, bin ich trotzdem nicht schneller, als die anderen Mädchen. Jasmin und Marlene tuscheln während dem Laufen wieder miteinander, aber diesmal verstehe ich nicht, was sie sagen.

Danach sollen wir Teams wählen, um Völkerball zu spielen und natürlich wählt jeder seine besten Freunde. Ich sitze als letzte auf der Bank und warte darauf, doch noch in einem Team dabei sein zu dürfen.

„Aber in jedem Team sind jetzt schon zehn Kinder!" sagt Marlene aufgebracht, „Wir sind einer zu viel. Wenn Mila mitspielt, ist das unfair!"

Da kommt Frau Arnold mit ein paar Wasserflaschen in die Turnhalle zurück. Sie sieht mich verwundert an.

„Warum sitzt Mila noch auf der Seite?" fragt sie die beiden Teams, „welches Team wählt sie denn nun?"

Als sie das fragt, sind alle anderen Kinder ruhig. Keiner möchte mich dabei haben.

„Ich will, dass ihr mir antwortet!" sagt Frau Arnold streng, „in welchem Team spielt Mila mit?"

Plötzlich sagt Jasmin: „Mit ihr will eben niemand spielen! Glatzköpfe können kein Völkerball!"

Im nächsten Moment fangen Frau Arnolds Augen an, ganz böse zu funkeln. Sie sieht so streng aus, dass sie sogar mir ein bisschen Angst macht. Aber mehr Angst habe ich vor Jasmin. Das Herz in meiner Brust hämmert schnell.

„So jetzt reicht's!" schimpft Frau Arnold und deutet auf die Bank, auf der ich sitze, „Jetzt setzt *du* dich auf die Seite, Jasmin! Und Mila darf statt dir in deinem Team mitspielen."

Frau Arnold gibt mir die Hand und führt mich zu meinem Team, während die Kinder anfangen zu protestieren.

„Das ist so unfair!" schreit Jasmin.

„Aber ich habe Jasmin gewählt!" beschwert sich Marlene, „also will ich sie auch dabei haben!"

„Das ist überhaupt nicht unfair", sagt Frau Arnold und bleibt hart, „unfair ist wie ihr mit Mila umgeht. Und ihr müsst lernen, dass das nicht in Ordnung ist."

So muss Jasmin sich hinsetzen und darf wirklich nicht mitspielen. Ich spiele in ihrem Team mit, aber ich bin gar nicht richtig bei der Sache, weil ich so durcheinander bin. Hoffentlich geht der Tag schnell vorbei.

Die nächste Pause verbringen die anderen Kinder im Garten, aber ich habe heute keine Lust nach draußen zu gehen. Ich weiß, dass sowieso niemand mit mir spielen möchte und nur draußen herumzusitzen macht mir auch keinen Spaß. Ich sitze in der Klasse, bis Frau Arnold wieder kommt.

„Mila, was machst du denn hier allein?" fragt sie verwundert, als sie mich sieht.

„Ich habe keine Lust raus zu gehen" antworte ich ihr.

„Weil die anderen gemein zu dir sind oder wegen etwas anderem?" fragt Frau Arnold weiter.

Ich würde mich am liebsten irgendwo verstecken, weil ich nicht mit ihr reden will. Aber das geht nicht. Also zucke ich nur mit den Schultern.

„Wenn ich auch schöne, lange Haare hätte, würden sie mich sicher mehr mögen" versuche ich Frau Arnold schließlich zu erklären. Sie sieht mich erschrocken an.

„Nein Mila, sag das nicht" bittet sie mich, „man braucht keine Haare, um eine gute Freundin zu sein."

Wieder zucke ich nur mit den Schultern.

„Na komm" sagt Frau Arnold plötzlich und nimmt meine Hand, genau wie vorher in der Turnhalle.

Sie geht mit mir nach draußen.

„Wir werden schon jemanden finden, der mit dir spielt" meint sie entschlossen, aber ich bin mir da nicht so sicher.

Frau Arnolds Blicke wandern über den Schulhof, bis sie eine Gruppe von Kindern erblickt, zu der sie mich bringen will. Zum Glück sind es nicht Jasmin und Marlene. Frau Arnold bringt mich zu Marie, Nadine und Max.

„Was spielt ihr denn gerade?" fragt Frau Arnold die drei Kinder.

„Wir spielen, dass ich die Großmutter bin!" erklärt Marie begeistert, „und Max und Nadine sind meine Enkelkinder!"

„Gut, dann hast du jetzt auch noch ein drittes Enkelkind, okay?" fragt Frau Arnold und schiebt mich neben sie, „Mila möchte nämlich auch mitspielen."

„Ja, okay", sagt Marie und darüber bin ich sehr überrascht.

Marie zieht mich am Arm und geht zu Max und Nadine. Dann setzten wir uns alle vier in die Wiese.

„Also" fängt Marie an „ihr seid alle meine Enkelkinder und ich muss auf euch aufpassen. Nadine ist noch ein Baby und sie heißt Susi. Max ist der große Bruder. Und wer willst du sein, Mila?"

Auf einmal freue ich mich. Marie will mich tatsächlich mitspielen lassen! Und ich darf mir sogar aussuchen, wen ich spiele.

„Ich will die große Schwester sein und Lilli heißen, so wie Prinzessin Lillifee!" sage ich und fange an zu lächeln.

Aber Nadine fängt plötzlich an zu kichern und auch Marie und Max lachen mich aus.

„Du kannst doch keine Schwester spielen Mila!" sagt Nadine „und auch keine Prinzessin. Du siehst doch aus wie ein Junge, weil du keine Haare hast!"

Da bin ich sofort wieder traurig und diesmal auch wütend. Am liebsten würde ich sie alle drei anschreien.

So laut ich kann sage ich: „Ich bin kein Junge! Ich bin ein Mädchen!"

Meine Stimme ist nicht sehr laut, weil sie zu zittern begonnen hat und mir Tränen in die Augen steigen. Ich will nicht mehr mitspielen. Also stehe ich auf und laufe zurück in die Klasse, wo ich allein sein kann. Ich hoffe nur, dass Frau Arnold mich nicht wieder hier findet. Ich weiß, dass sie mir helfen wollte, aber das geht nicht. Sie kann auch nicht ändern, was die anderen zu mir sagen. Ich sollte besser nicht mehr versuchen, bei ihnen mitspielen zu dürfen.

Nach zwei weiteren Schulstunden ist der Unterricht für heute endlich vorbei.

„Hallo mein Schatz, wie war die Schule?" fragt Mama als ich nach Hause komme.

„Gut" antworte ich, obwohl ich weiß, dass das ein bisschen gelogen ist. Ich bin müde.

„Waren die anderen nett zu dir?" fragt Mama.

Ich nicke nur. Mama stellt zwei Teller auf den Tisch und serviert mir frischen Nudelauflauf. Erst jetzt merke ich, dass ich großen Hunger habe. Mama setzt sich zu mir und wir essen gemeinsam.

„Hast du auch Hausaufgaben zu machen?" fragt Mama während ich mir das nächste Stück Nudelauflauf in den Mund stopfe.

„Ja, in Mathe" antworte ich, „aber das kann ich gut."

Mama lächelt und isst auch weiter.

„Du, Mama?" frage ich sie dann, „was wünscht du dir eigentlich am meisten?"

Mama sieht mich verwundert an, aber sie antwortet mir ehrlich und sagt: „Am meisten wünsche ich mir, dass es dir und deinem Bruder gut geht."

„Und sonst nichts?" frage ich weiter.

„Ich weiß nicht" sagt Mama „wieso fragst du?"

Ich antworte ihr nicht, weil ich selber nicht genau weiß, warum ich sie das gefragt habe.

„Was wünscht du dir denn am meisten, Mila?" fragt Mama dann.

„Eine beste Freundin!" platze ich sofort heraus, „Und am zweitmeisten wünsche ich mir, dass meine Haare wieder wachsen."

„Ich verstehe" sagt Mama und lächelt, „wenn wir es uns leisten können, dann kaufe ich dir eine Perücke. Leider sind die sehr teuer."

Ich nicke artig. Ich weiß, dass Perücken sehr teuer sind, vor allem die, die aus echten Haaren gemacht sind. Und weil mein Bruder und ich nur bei meiner Mama wohnen und mein Papa nicht viel Geld für uns bezahlen kann, können wir uns eine Perücke nicht leisten. Und deshalb wünsche ich mir auch oft, dass wir wenigstens viel Geld hätten. Mit Geld kann man zwar keine beste Freundin kaufen, aber wenigstens viele schöne Perücken. Und dann hätte ich zumindest wieder Haare. Auch wenn ich noch viel lieber eine beste Freundin hätte.

DAS NEUE MÄDCHEN

Am nächsten Morgen habe ich wie immer ein bisschen Angst vor der Schule, vor allem vor Marlene und Jasmin. Ich hoffe sie sind heute nicht so gemein wie gestern. Ich habe mir extra ein rosa T-Shirt und darüber noch eine rosa Weste angezogen, damit jeder sieht, dass ich ein Mädchen bin. Obwohl meine Mama immer sagt, dass jedes Kind jede Farbe anziehen darf.

Fünf Minuten bevor die erste Stunde beginnt, komme ich in die Klasse und setze mich auf meinen Platz. Die anderen plaudern und spielen wieder, aber sie lassen mich in Ruhe. Ich packe mein Mathematikheft aus und rechne die Rechnungen von meiner Hausübung noch einmal nach, obwohl ich mir sicher bin, dass ich alles richtig gemacht habe. Aber so sieht es wenigstens so aus, als wäre ich beschäftigt.

Als Frau Arnold heute die Klasse betritt ist es sofort mucksmäuschenstill, denn etwas ist anders als sonst. Neben Frau Arnold steht ein Mädchen, das wir alle noch nie gesehen haben. Sie ist groß, wahrscheinlich sogar größer als alle anderen Mädchen in der Klasse und hat lange, dunkle Locken. Zu gern hätte ich Haare wie sie.

„Das ist Rilana" stellt Frau Arnold das fremde Mädchen vor, „sie geht ab heute in unsere Klasse, weil sie mit ihrem Vater hierher gezogen ist. Ich möchte, dass ihr sie ganz nett in unserer Klasse aufnehmt. Sie soll sich bei uns wohlfühlen."

Ein bisschen schüchtern schaut Rilana in die Klasse, aber ich bin mir sicher, dass sie bald Freundinnen findet. Mit einem Mädchen, das so hübsch ist und so schöne Haare hat, wollen bestimmt alle befreundet sein.

Da hebt Nadine auch schon die Hand.

„Darf Rilana neben mir sitzen?" fragt sie, „Ich bin ganz bestimmt nett zu ihr!"

„Aber neben dir sitzt doch schon Max" widerspricht Frau Arnold.

„Der kann sich doch neben Mila setzten, neben ihr ist ein Platz frei!" meint Nadine.

Das ist Rilana, als ich sie zum ersten Mal gesehen habe:

Plötzlich wandert Rilanas Blick zum ersten Mal zu mir in die erste Reihe, auf meinen Tisch und den Platz, der neben mir frei ist. Kurz lächelt sie mich an und da lächle ich zurück.

„Ich finde Rilana sollte das selbst entscheiden dürfen" sagt Frau Arnold zu Nadine.

„Ja, setz´ dich zu mir Rilana, bitte!" bettelt Nadine Rilana an.

Bestimmt will sie Rilanas erste Freundin in der neuen Klasse werden. Und bestimmt setzt sich Rilana gleich neben sie.

Aber Rilana sagt sofort: „Nein, ich setze mich lieber neben Mila."

„Was neben den Glatzkopf?", sagt Jasmin schockiert und fängt an zu lachen.

„Jasmin!" schimpft Frau Arnold, „darüber haben wir gestern erst gesprochen, ich will so etwas nicht mehr hören!"

Rilana kümmert sich nicht um Jasmin und setzt sich neben mich. Ich mustere sie verwundet von der Seite, bis sie mich ansieht.

„Du musst nicht neben mir sitzen, wenn du nicht willst" erkläre ich ihr vorsichtig.

„Will ich aber" sagt sie und holt aus aus ihrer Schultasche eine Packung mit Schokoladenherzen.

„Magst du auch eines haben?" fragt sie mich und ich nicke.

Ich schnappe mir eines von den Schokoladenstücken und schiebe es mir in den Mund. Die Schokolade schmilzt auf meiner Zunge. Sie schmeckt gut.

Ich bin sehr froh, dass ich heute fast ganz in rosa gekleidet bin. Sogar mein Kopftuch ist rosa. So fragt sich Rilana hoffentlich nicht, ob ich ein Bub oder ein Mädchen bin.

In der ersten Stunde haben wir Mathe und Rilana scheint genauso konzentriert zu sein wie ich. Aber die Rechnungen werden schwieriger und die Zahlen immer höher. Ich bemerke, dass Rilana zu mir hinüber in mein Heft schaut. Verwundert blicke ich zu ihr zurück.

„Verstehst du es nicht?" frage ich sie.

Sie schüttelt den Kopf.

„Nein" antwortet sie mir, „in Mathe bin ich noch nie gut gewesen."

„Es ist nicht schwer, schau mal" sage ich und schreibe mit meiner Füllfeder ein paar Zahlen unter ihre nächste Rechnung.

$$154 \times 8$$

$$1232$$

„Acht mal vier ist zweiunddreißig bleibt drei" erkläre ich ihr, „Acht mal fünf ist vierzig, plus drei ist dreiundvierzig, bleibt vier. Und acht mal eins ist acht, plus vier ist zwölf."

Völlig erstaunt sieht Rilana mich an.

„Kannst du das bei jeder Rechnung so schnell?" fragt sie „und dann auch noch richtig?"

Ich hebe die Schultern.

„Ja, meistens schon" antworte ich vorsichtig. Ich will nicht, dass sie denkt, ich sei eingebildet.

„Wow" staunt Rilana, „ich wünschte, ich wäre mal so gut im Rechnen."

„Ich kann dir ja mal helfen" schlage ich vor und auf einmal schlägt mir das Herz bis zum Hals. Ich habe noch nie jemanden zu mir nach Hause eingeladen. Und ich bin auch noch nie eingeladen worden. Will Rilana sich überhaupt mit mir treffen?

„Ja, das wäre super!" sagt sie und klingt begeistert. Anscheinend will sie mich wirklich gerne sehen.

In der Pause erzählt mir Rilana, dass sie ein Einzelkind ist.

„Ich hab mir immer ein Geschwisterchen gewünscht" meint sie, „aber leider hab ich keins. Jetzt wohne ich bei meinem Papa und wir sind hierher gezogen, damit wir in der Nähe von meiner Oma und meinem Opa sind."

„Ich habe einen kleinen Bruder" erzähle ich ihr, „Er heißt Emil. Wir wohnen allein mit unserer Mama. Unser Papa ist vor einem Jahr ausgezogen."

„Einen Bruder hätte ich auch gern gehabt" sagt Rilana und lacht.

Ich würde sie gerne fragen, wo ihre Mama ist und warum sie nur bei ihrem Papa wohnt. Vielleicht haben ihre Eltern sich auch getrennt. Aber ich traue mich nicht.

„Dürfen wir nächste Pause in den Garten?" fragt mich Rilana nach einer Weile.

„Ja" antworte ich ihr, „jetzt haben wir nur noch Deutsch."

Danach schenke ich ihr einen von meinen Stundenplänen und die Deutschstunde beginnt. Wir sollen Sätze aus den Wörtern mit „scharfem S" bilden.

Ich gieße meine Blume,
damit sie groß wird.

Meinen ersten Satz habe ich fertig geschrieben, während ich verstohlen einen Blick in Rilanas Heft werfe.

Wen es heiß ist, geen wir barfuß.

Und dabei bemerke ich, dass sie Fehler gemacht hat. Soll ich es ihr sagen? Oder denkt sie dann, ich bin ein Besserwisser?

Als ich sehe, dass Frau Arnold durch die Sitzreihen geht, um zu kontrollieren, ob wir alles richtig machen, stupse ich Rilana an.

„Hey du" sage ich, „willst du die Fehler ausbessern, bevor Frau Arnold zu uns kommt?"

Rilana nickt eifrig.

„Wenn schreibt man mit zwei N. Und gehen mit einem H zwischen den beiden E" erkläre ich ihr.

Rilana sagt nichts, aber sie lächelt mich dankbar an und bessert schnell ihre Fehler aus.

Wenn es heiß ist, gehen wir barfuß.

Danach kommt Frau Arnold an unserem Tisch vorbei und sagt: „Sehr gut, Rilana. Und bei dir auch wie immer, Mila."

„Danke" flüstert Rilana jetzt doch zu mir hinüber und sie lächelt immer noch.

Jasmin und Marlene rennen uns im Schulhof sofort entgegen, als Rilana und ich rausgehen.

„Hey, Rilana!" ruft Marlene, „willst du bei uns mitspielen? Wir zeigen dir auch unser Geheimversteck!"

„Ja sicher" antwortet Rilana und Marlene nimmt sie schon am Arm und will sie wegziehen.

Ich bleibe wie angewurzelt stehen. Jasmin und Marlene haben mich schließlich noch nie mitspielen lassen. Und sicher will Rilana lieber mit ihnen spielen.

Aber Rilana ruft: „Warte!" als Marlene sie wegzieht, „was ist mit Mila?"

Vorsichtig gehe ich ihnen hinterher.

„Du kannst nicht mitspielen!" ruft mir Marlene sofort entgegen, „das ist nur für Mädchen!"

„Aber ich bin ein Mädchen" protestiere ich zaghaft, obwohl ich weiß, dass es keinen Sinn macht.

„Du bist ein Glatzkopf!" lacht Marlene, „und du siehst überhaupt nicht aus wie ein Mädchen!"

Ich merke, wie sich in meinem Hals schon wieder ein dicker Kloß bildet und habe Angst, dass ich wieder weinen muss. Doch plötzlich gibt Rilana Marlene einen heftigen Stoß gegen die Schultern.

„Und du bist eine dumme Ziege!" schreit Rilana sie an, „manche Frauen haben keine Haare mehr! Und sie sind trotzdem schön! Du bist nur dumm und verstehst das nicht!"

Rilana nimmt meine Hand.

„Komm wir gehen" sagt sie zu mir und wir lassen Marlene einfach verdattert stehen.

Rilanas Augen sehen böse aus. Warum hat sie das für mich getan? Für mich hat sich, außer Frau Arnold, noch nie jemand eingesetzt.

„Warum hilfst du mir?" frage ich sie.

„Weil man sowas nicht sagen darf, nur weil ein Mädchen keine Haare mehr hat" sagt Rilana fest entschlossen und sie sieht immer noch wütend aus.

„Ja das stimmt" antworte ich ihr, „aber das hat bis jetzt noch nie jemand verstanden, außer dir."
Auf einmal sehen Rilanas Augen nicht mehr nur wütend, sondern auch traurig aus.

„Meiner Mama sind auch die Haare ausgefallen" erzählt sie stockend, „sie hat viel geweint, als das passiert ist. Und die Leute auf der Straße haben sie dumm angeschaut. Das finde ich gemein."
Dann fängt sie an zu laufen, weil sie anscheinend nicht mehr weiter reden will, aber sie hält mich immer noch an der Hand und nimmt mich mit. Sie läuft bis hinter das Schulgebäude zu einem kleinen Gebüsch.

„Wir machen einfach unser eigenes Geheimversteck" beschließt sie und krabbelt in das Gebüsch, „und zwar genau hier."

„Ja, das ist eine super Idee!" rufe ich und kann es gar nicht glauben, dass sie einfach so mit mir spielen will. Einfach so mit mir allein.

Hier sind wir im Geheimversteck

Am nächsten Tag hat Rilana ihre Locken zu zwei dicken Zöpfen gebunden, die ihr fast bis zum Bauchnabel gehen. Sie hat so wunderschöne Haare.

Als sie in die Klasse kommt und mich sieht, hellt sich ihr Gesicht auf und sie lächelt mich an.

„Hallo Mila", sagt sie während sie sich neben mich setzt und klopft mir kurz auf die Schulter. Dann nimmt sie dieselben Schokoherzen wie gestern aus ihrer Schultasche.

„Wollen wir jetzt jeden Morgen welche essen?" fragt sie mich, „meine Oma schenkt mir die, aber für mich alleine sind das viel zu viele."

Ich nicke und freue mich. Wenn wir jeden Morgen Schokoherzen essen, heißt das auch, dass wir jeden Morgen zusammen sind? Und vielleicht sogar jede Pause im Garten miteinander spielen?

Für Rilana scheint das schon klar zu sein, denn als wir heute wieder im Garten sind, läuft sie sofort zu unserem Versteck. Die anderen Kinder beachtet sie gar nicht.

„Hast du Mathe heute verstanden?" fragt Rilana mich, als wir in unserem Versteck sind, „Ich kann das schon wieder nicht."

„Ja" sage ich, „also wenn du willst, dann kannst du am Wochenende zu mir kommen und dann bring ich es dir bei."

Rilana strahlt über ihr ganzes Gesicht und ihre dunklen Augen leuchten.

„Oh ja" sagt sie, „und danach spielen wir was! Ich hab das ganze Wochenende Zeit, also werde ich mir was lustiges überlegen!"

Und da strahle auch ich über mein ganzes Gesicht. Rilana will mich wirklich besuchen! Und nicht nur zum Lernen – sie will auch Zeit mit mir verbringen!

„Mama, Mama!" rufe ich durch die ganze Wohnung, als ich heute die Tür öffne, „wir müssen am Wochenende was richtig gutes kochen! Sie kommt uns besuchen!"

Mama sieht verwundert aus, als sie ins Vorzimmer kommt, aber ich merke, dass sie sich freut, dass ich so glücklich bin.

„Was - wer?" fragt sie, „Wer kommt uns besuchen?"

„Rilana!" rufe ich begeistert, „das neue Mädchen! Sie will zum Lernen und zum Spielen kommen! Mama, ich glaube, wir werden Freundinnen!"

Mama streckt die Arme aus, umarmt mich und hebt mich hoch. Sie drückt mich ganz fest.

„Das ist so toll, Mila!" sagt sie, „und wenn du willst dann backen wir am Wochenende Pizza – das mag jedes Kind, oder?"

„Ja!" rufe ich begeistert.

ZWEI PIRATINNEN UND EIN PAPAGEI

Ich kann mich nicht erinnern, wann ich das letzte Mal so nervös gewesen bin, wie an diesem Wochenende. Es ist Samstag und Rilana will in einer Stunde hier sein. Ich habe seit Wochen mal wieder mein Zimmer aufgeräumt und die ganze Wohnung glänzt so sehr, wie ich sie eigentlich noch nie gesehen habe. Sogar meinem Bruder sage ich, dass er brav sein soll, wenn Rilana da ist. Aber er lacht nur und sagt: „Jaja. Emil immer brav."

Dabei stimmt das gar nicht, Emil macht oft Blödsinn. Aber ich glaube, er versteht noch gar nicht so richtig, was Blödsinn ist und was nicht.

Kurz nach zehn Uhr vormittags klingelt es an unserer Tür. Sofort stürme ich ins Vorzimmer und mache auf. Und da steht Rilana und ich glaube, sie freut sich fast genauso sehr wie ich. Heute trägt sie ihre Haare wieder offen und die

Locken kräuseln sich bis lange über ihre Schultern.

„Hi" sage ich und lasse sie rein.

Auch Rilana ist ein bisschen aufgeregt, als meine Mama zu uns kommt und uns begrüßt. Höflich gibt Rilana ihr die Hand.

„Ich freue mich, dass du da bist. Mila hat schon so viel von dir erzählt", sagt Mama.

„Danke", antwortet Rilana leise, aber ich weiß gar nicht wofür sie sich bedankt.

„Wollen wir in mein Zimmer gehen?", frage ich aufgeregt und Rilana nickt. Dabei hüpfen alle ihre Locken mit.

Als Rilana und ich in mein Zimmer laufen wollen, kommt uns Emil hinterher.

„Emil mitspielen!", schreit er, „Emil mitspielen!"

„Nein Emil, nicht heute!", sage ich streng und schiebe ihn weg, aber Rilana ist begeistert von ihm.

„Ist das dein kleiner Bruder?", fragt sie, „der ist ja so süß!"

Rilana beugt sie zu ihm herunter und sagt: „Hallo, kleiner Mann!"

Da muss Emil lachen.

„Ja, das ist mein Bruder", antworte ich, „ Emil."

„Er kann doch nachher mit uns spielen, oder?", fragt Rilana.

Ein bisschen bin ich genervt davon, denn eigentlich wollte ich den Tag alleine mit Rilana verbringen. Aber ich will ja, dass sie Spaß bei uns hat. Und ihr am besten jeden Wunsch erfüllen, damit sie meine Freundin wird.

„Ja", antworte ich deshalb, „nach dem Lernen, da darfst du mit uns spielen, okay Emil?"

Da sagt er artig: „Ja" und tapst zu Mama in die Küche zurück.

Als wir zu zweit an meinem Schreibtisch sitzen, beginnen Rilana und ich damit, Mathe zu lernen. Rilana fällt es schon schwer, die ersten Rechnungen zu lösen.

„Ich muss das endlich verstehen!", sagt sie, „sonst muss ich vielleicht noch eine Klasse wiederholen!"

„Wieso noch eine?", frage ich verwundert, „Hast du denn schon eine wiederholt?"

„Ja, die zweite", erzählt Rilana, „das war blöd. Weil ich auf einmal in eine neue Klasse gehen musste. Und dort habe ich niemanden gekannt."

„Aber jetzt kennst du doch auch niemanden", sage ich zu ihr.

„Ja stimmt", antwortet sie und lacht, „aber du bist wenigstens nett. Meinen alten Sitznachbarn, den mochte ich nicht."

Da muss ich auch lachen. Ich bin so froh, dass sie mich mag.

„Es ist gar nicht so schwer" versuche ich dann Rilana Mut zu machen, „ich glaube, wenn wir genug üben, dann kannst du bestimmt in unserer Klasse bleiben."

„Ja, das hoffe ich auch" sagt Rilana während sie sich die nächste Rechnung anschaut.

Am Anfang ist es schwierig und ich muss Rilana jede Rechnung erklären, damit sie keine Fehler macht. Aber dann wird es besser. Zwar ist Rilana noch langsamer als ich, aber mit der Zeit schafft sie einige Rechnungen alleine. Sogar ohne Fehler. Ich freue mich fast noch mehr als sie darüber, weil ich mir so sehr wünsche, dass sie in meiner Klasse bleiben kann.

Irgendwann legt Rilana ihre Füllfeder weg.
„Jetzt habe ich keine Lust mehr", sagt sie, „das war genug Mathe für heute."
Ich lächle und sage: „Ja, finde ich auch. Hast du Hunger? Es gibt Pizza."
„Ja!", ruft Rilana, „da habe ich immer Hunger!"
Wir gehen in die Küche, wo uns schon der Geruch von frischer Pizza entgegen strömt.
„Ihr könnt euch schon hinsetzen" sagt Mama zu uns.

Beim Mittagessen will Rilana alles über meinen kleinen Bruder wissen. Ob er schon in den Kindergarten geht, fragt sie und was für Spiele er gerne spielt. Und dann fragt sie auch noch, ob meine Familie noch ein Baby haben will. Aber meine Mama lacht nur.

„Nein" sagt Mama, „noch ein Baby möchte ich nicht mehr. Meine zwei Kinder reichen mir."

„Aber Babys sind so etwas tolles!", widerspricht Rilana, „ich wollte auch immer ein Geschwisterchen haben."

„Und warum hast du keins bekommen?", frage ich neugierig.

Auf einmal zögert Rilana, dann zuckt sie mit den Schultern.

„Das geht nicht", stammelt sie, „weil meine Mama nicht mehr bei uns ist."

Mehr erzählt sie nicht, sondern fragt sofort wieder nach Emil: „Und wie alt ist euer Baby?"

Ich würde sie gerne fragen, wo ihre Mama denn hingegangen ist oder warum sie nicht mehr bei ihr ist. Aber ich glaube sie möchte es mir nicht sagen.

Deshalb antworte ich: „Emil ist zwei. Er hatte vor kurzem erst Geburtstag."

„Süß", sagt Rilana und dann sieht sie mich auf einmal interessiert an.

„Und wie alt bist du Mila?", fragt sie und ich wundere mich über diese Frage.

„Neun", antworte ich, „jeder in unserer Klasse ist neun. Manche sind noch acht, aber die haben bald Geburtstag."

Rilana schaut mich immer noch an.

„Ich bin schon zehn", sagt sie da plötzlich, „Und wenn der Winter kommt, werde ich elf."

„So alt bist du schon?", frage ich verwundert, aber da fängt meine Mama an zu lachen.

„Das ist doch nicht alt", meint Mama, „du wirst doch im Winter auch schon zehn, Mila. Das heißt Rilana ist nur ein Jahr älter als du."

Eigentlich weiß ich ja, dass ein Jahr nicht viel ist. Trotzdem kommt Rilana mir jetzt viel erwachsener vor als ich. Aber eigentlich ist es ja klar: Sie ist ein Jahr älter, weil sie eine Klasse wiederholt hat.

„Bist du deswegen so groß?", frage ich sie dann.

Rilana schüttelt den Kopf, „Nein. Ich war immer schon eine von den größten."

„Und die mit den schönsten Haaren!", ergänze ich.

Rilana lacht und sagt: „Ja, das hat meine Mama auch immer gesagt."

Und schon wieder will ich sie fragen, wo ihre Mama hin verschwunden ist. Aber ich traue mich nicht.

Zurück in meinem Zimmer packt Rilana ihre Schulsachen sofort ein. Lernen will sie heute nicht mehr. Aber zum Glück will sie auch noch nicht nach Hause gehen.
„Jetzt spielen wir was!", beschließt sie und darüber freue ich mich riesig.
„Ja!", stimme ich ihr zu, „und du darfst entscheiden, was!"
Rilana muss nicht lange überlegen und meint: „Ich will spielen, dass wir Piraten sind! Oder magst du lieber Prinzessinnen-Spiele?"
„Ich mag alle Spiele!", sage ich, aber wundere mich trotzdem ein bisschen. Die Mädchen in meiner Klasse haben noch nie Piraten gespielt. Aber egal.
Ich hole zwei von meinen Kopftüchern aus meiner Schublade. Beide sind leuchtend rot.
„Binden wir uns die um?", frage ich und Rilana nickt.

Als ich meine rosa Mütze, die ich auf habe, absetzte, habe ich Angst, Rilana könnte meinen kahlen Kopf anstarren oder komisch finden, wie alle anderen. Aber sie beachtet gar nicht, dass ich keine Haare habe. Vielleicht ist das für sie normal, weil ihre Mama ja auch keine hat.

Hier sind wir als
Piratinnen verkleidet.

Aus dem Schminkkästchen von meiner Mama nehmen wir heimlich einen schwarzen Schminkstift und malen uns Augenklappen auf.

„Jetzt sehen wir aus wie richtige Piraten!", sagt Rilana, „jetzt brauche ich nur noch einen Papagei!"

„Wie wäre es mit Emil?", frage ich, „der ist sowieso ganz bunt angezogen."

„Ja, das machen wir!", ruft Rilana und ihre Augen fangen an zu glänzen. Sie scheint kleine Kinder wirklich zu lieben.

Natürlich ist auch Emil begeistert, dass er mitspielen darf und im Nu klammert er sich an Rilanas Bein und sagt: „Emil jetzt ein bunter Vogel!"

Da müssen wir beide laut lachen.

Rilana klettert auf mein Hochbett und ruft: „Ich bin die Herrscherin über die sieben Weltmeere!"

Emil will ihr hinterher klettern, aber ich muss ihm hoch helfen.

„Und wer soll ich sein?", frage ich sie.

„Du bist der Kapitän, genau wie ich", antwortet Rilana, „wir sind beide der Kapitän. Und Emil unser Papagei."

Rilana hebt Emil hoch und setzt ihn auf ihren Schoß.

„Ich glaube ein Sturm kommt auf uns zu!", rufe ich und deute auf meine Zimmerdecke, als würde ich dort schwarze Gewitterwolken sehen.

„Dann müssen wir uns sofort in Sicherheit bringen!", sagt Rilana und schlüpft sofort unter meine Bettdecke.

Emil fängt an darunter herumzukrabbeln und ich krieche auch unter die Decke.

„Hier ist es aber dunkel", sage ich, „und stickig."

„Unter dem Schiffsdeck ist es leider dunkel und stickig", sagt Rilana ernst und mit Piratenstimme, „aber wenigstens sind wir so vor dem Sturm geschützt."

„Aber wer steuert den jetzt unser Schiff?", frage ich erschrocken.

Auch Rilana tut so, als würde sie sich auch erschrecken.

„Niemand!", sagt sie, „jetzt musst du das machen Kapitän Mila, ich trau mich nicht!"

Ich kichere und frage: „Du traust dich nicht? Warum?"

„Weil ich ein ängstlicher Kapitän bin", kichert auch Rilana, „und weil ich meinen Papagei nicht allein lassen kann."

Also krieche ich wieder aus unserer Höhle heraus und bin jetzt an Deck. Ich nehme das Steuerrad fest in die Hand.

„Alle Piraten gut festhalten!", rufe ich, „und alle Papageien auch!"

Ich höre Emil unter Deck lachen, aber ich muss uns jetzt retten. Ich klammere mich an das Steuerrad, das ganze Schiff wackelt wegen den hohen Wellen. Aber ich schaffe es nach Osten zu lenken. Dann schlägt ein Blitz ein.

„Bum!", schreie ich, weil ich den Blitz irgendwie nachmachen will und werfe mich auf meine Bettdecke, „Ein Blitz hat eingeschlagen!"

Rilana kreischt auf.

„Jetzt sind wir verloren!", schreit sie.

Aber ich ändere schnell meine Meinung.

„Nein, der Blitz hat nur ins Wasser eingeschlagen", erkläre ich, „nicht in unser Schiff."

Da höre ich, dass auch Rilana lachen muss.

Wieder nehme ich das Steuerrad in die Hand und lenke nach Osten. Und langsam wird der Regen schwächer. Während sich die anderen unter dem Deck verstecken, habe ich uns vor dem Sturm beschützt.

„Mila, du hast uns gerettet!", ruft Rilana und zieht sich mit einem Ruck die Decke vom Kopf.

Plötzlich umarmt sie mich und sagt: „Danke, Kapitän Mila!"

Und ich brauche nur einen kurzen Moment, bis ich auch lache und sie umarme.

Rilana bleibt noch den ganzen Nachmittag. Wir sind zwei Piraten und später zwei Pandabären in der Höhle. Emil ist immer dabei, aber das macht nichts. Es macht mit ihm genauso viel Spaß. Ich finde es so schön, dass Rilana da ist, am liebsten wäre es mir, wenn sie gleich bei uns übernachten würde. Aber am Abend geht sie nach Hause.

Sie sagt: „Bis Montag!", und winkt mir im Flur noch nach. Das heißt also, dass wir am Montag wieder Zeit miteinander verbringen werden. Vielleicht machen wir das jetzt sogar jeden Tag.

„Rilana und du habt euch sehr gern, oder?", fragt Mama nach dem Abendessen, „ich habe euch so viel lachen gehört."

„Ja, wir haben uns richtig gern!", sage ich und setzte mich auf Mamas Schoß, „jetzt habe ich endlich eine Freundin!"

RILANA HAT EIN GEHEIMNIS

In den nächsten Wochen verbringen Rilana und ich jede Pause miteinander. Manchmal sind wir in unserem Geheimversteck, manchmal auf der Schaukel und manchmal plaudern wir in der Klasse. In den Schulstunden helfe ich ihr beim Rechnen und zum Glück wird sie langsam besser darin. Also wird sie wohl in unserer Klasse bleiben dürfen.

An den Wochenenden besucht sie mich manchmal und wenn wir in der Turnstunde ein Team wählen sollen, wählen wir uns jedes Mal gegenseitig.

Die anderen Kinder in der Klasse ärgern mich manchmal trotzdem noch. Aber Rilana ist mutiger als ich. Sie sagt den anderen, dass sie blöd sind und mich in Ruhe lassen sollen. Da trauen sie sich weniger, gemeine Sachen zu sagen.

Hier wurde ich von Rilana als erste in ihr
Team gewählt.

Als Rilana schon sechs Wochen in unserer Klasse ist schreiben wir unseren ersten Test in Mathe. Davor haben wir viele Stunden miteinander geübt.

Nach ein paar Tagen bekommen wir den Test wieder zurück und am meisten freuen sich Rilana und ich darüber, dass sie eine Zwei geschrieben hat.

„Du bist die beste Nachhilfelehrerin der Welt, Mila!", ruft sie.

„Vielleicht werde ich ja auch Lehrerin, wenn ich groß bin", sage ich zu ihr.

„Ja das solltest du", stimmt sie mir zu, „die Kinder hätten es sicher gut bei dir. Ich freue mich schon so, wenn ich meinem Papa den Test zeigen kann!"

Ich lächle. Sicher ist Rilanas Papa stolz auf sie. Ich habe eine Eins bekommen, aber darüber freue ich mich weniger als über die Zwei bei Rilana. Bei mir sind gute Noten normal, bei ihr sind sie etwas besonderes. Und außerdem ist es mir wichtiger, dass Rilana bei uns bleiben kann, als meine eigenen Noten.

Mittlerweile ist es jeden Tag warm und wir fühlen, dass der Sommer nicht mehr weit ist. In ein paar Tagen ist Muttertag, deshalb basteln wir in der Schule Karten mit roten Herzen und Glitzer drauf. Ich gebe mir extra viel Mühe dabei. Meine Mama ist toll, deshalb soll sie einen schönen Muttertag haben. Ob Rilanas Mama am Muttertag zu Besuch kommt? Schließlich will jedes Kind den Muttertag mit seiner Mama verbringen.

Als Rilana an ihrer Karte für ihre Mama bastelt und malt, redet sie nur wenig mit mir. Ich frage mich ob sie traurig ist oder ob sie mir nur wieder nichts erzählen möchte. Auf einmal bleibt Frau Arnold neben unserem Platz stehen und sieht, wie Rilana ihre Karte schreiben will. Bis jetzt hat sie nicht geschrieben außer: „Liebe Mama!"

Frau Arnold beugt sich zu Rilana hinunter.

„Wenn du möchtest, darfst du die Karte auch für deinen Papa schreiben", sagt sie, „oder für deine Oma. Nur wenn dir das lieber ist."

Rilana schüttelt den Kopf.

„Nein", antwortet sie, „ich hab noch eine Mama und die Karte ist für sie."

Frau Arnold sagt sofort: „Ja, du hast recht. Ist gut, schreib sie für deine Mama."

Und plötzlich fragt Rilana noch: „Darf ich sie auch zu Hause schreiben?"

Frau Arnold nickt und sagt: „Ja, sicher. Pack sie ruhig ein."

Rilana nimmt die Karte in der nur „Liebe Mama!" steht, klappt sie zu und steckt sie in ihre Schultasche. Ich verstehe gar nichts mehr. Warum reden Rilana und Frau Arnold über Rilanas Mama? Weiß Frau Arnold was mit ihr passiert ist? Ich bin so neugierig, also tippe ich Rilana an der Schulter an.

„Warum hat Frau Arnold dich das gefragt?", frage ich sie leise.

Rilana zuckt nur mit den Schultern und sieht mich nicht an.

„Was meinst du?", fragt sie.

„Na warum sie dich gefragt hat, ob du die Karte für deinen Papa schreiben willst", erkläre ich ihr.

„Das verstehst du nicht, Mila", sagt Rilana schnell und packt ihr Deutschheft aus. Wahrscheinlich will sie mit ihren Hausaufgaben beginnen, während die anderen noch an ihren Karten schreiben und basteln.

„Und warum erklärst du es mir nicht einfach?", frage ich vorsichtig weiter.

„Weil dich das nichts angeht", antwortet Rilana und auf einmal klingt sie böse. Ich habe sie wohl zu viel gefragt und jetzt ist sie wütend. Ich bin sofort still und sage nichts mehr. Sie will mir ihr Geheimnis eben einfach nicht erzählen. Ich hoffe nur, dass sie nicht länger böse auf mich ist.

Während wir still nebeneinander sitzen, Rilana ihre Hausaufgaben schreibt und ich mehr Glitzer auf meine Karte aufklebe, geht auf einmal Jasmin an unserem Tisch vorbei. Sicher will sie Frau Arnold ihre Karte zeigen. Aber Jasmin bleibt neben unserem Tisch stehen und schaut zu Rilana.

„Wieso machst du deine Hausaufgaben?", fragt Jasmin.

Rilana antwortet ihr nicht, deshalb sage ich schnell: „Weil sie schon fertig ist."

„Du bist schon fertig mit deiner Karte?", fragt Jasmin verstört, „alle anderen haben noch nicht einmal die Hälfte. Hast du dich nicht bemüht? Willst du deiner Mama keine Freude machen?"

„Doch", verteidigt sich Rilana, „ich mache meiner Mama immer eine Freude."

„Das glaube ich nicht", sagt Jasmin und lacht höhnisch, „du kannst ihr ja noch nicht einmal eine Karte schreiben, wie man sieht."

Da steht Rilana wütend auf und sofort ist sie einen halben Kopf größer als Jasmin und schaut böse auf sie herunter.

„Du bist so blöd und gemein!", sagt sie während ihre Augen böse funkeln, „und außerdem geht dich das überhaupt nichts an! Kümmer dich doch um deine eigene Karte!"

„Ihr seid beide verrückte Hohlköpfe!", lacht Jasmin, „nur eine mit und eine ohne Haare!"

Da stehe ich auch auf. Ich gebe Jasmin einen Stoß und sage: „Lass Rilana in Ruhe!"

Aber Jasmin stolpert nur einen ganz kleinen Schritt nach hinten und meine Stimme ist auch nicht laut genug. Sofort schlägt mir Jasmin auf die Hand, damit ich sie nicht noch einmal stoßen kann. Plötzlich wird es in der Klasse, in der gerade alle noch geplaudert haben, mucksmäuschenstill. Alle anderen Kinder und auch Frau Arnold schauen zu Jasmin, Rilana und mir.

„Mädels, was ist denn los?", fragt Frau Arnold bestürzt.

Rilana und ich senken den Kopf, aber Jasmin ruft: „Mila hat mich gestoßen!"

„Ja, weil du gemein zu Rilana warst!", verteidige ich mich, „und dann hast du mir an der Hand weh getan!"

Frau Arnold sieht Rilana eindringlich an.

„Stimmt es, dass Jasmin gemein zu dir war?", fragt sie.

Rilana antwortet wieder nicht, deshalb sage ich: „Natürlich stimmt das!"

„Nein!", schreit da auch schon Jasmin, „ich wollte nur wissen, warum sie ihrer Mama keine Freude machen will! Warum sonst bastelt sie nicht auch an der Karte?"

Plötzlich seufzt Frau Arnold, fast so als würde sie gerade verstehen, was los ist. Sie nimmt Rilana an der Hand.

„Willst du mir selbst erzählen, was passiert ist, Rilana?", fragt sie.

Aber Rilana schüttelt sofort den Kopf.

Und zum dritten Mal heute sagt sie mit finsterem Blick: „Nein. Das geht euch nämlich alle nichts an!"

Auf einmal sehe ich, dass Rilana Tränen in den Augen hat. Ich möchte sie gerne trösten, aber sie drängelt sich an Frau Arnold und Jasmin vorbei und läuft aus der Klasse. Und weil ich ihr helfen will laufe ich ihr hinterher. Eigentlich dachte ich Frau Arnold würde mich aufhalten, aber sie lässt mich aus der Klasse zu Rilana gehen.

Ich sehe, wie Rilana über den Schulhof, hinter das Schulgebäude läuft. Sicher will sie zu unserem Geheimversteck im Gebüsch. Als Rilana langsamer wird, hole ich sie fast ein. Zum Glück kann ich schnell laufen. Jetzt sind wir beide hinter dem Schulgebäude und ich rufe ihr nach: „Hey, warte doch auf mich!"

Da bleibt sie stehen und dreht sich um.

„Lass mich in Ruhe, Mila!", schreit sie.

Ich erschrecke und bleibe auch stehen.

„Warum?", frage ich, „Ich wollte dir doch nur helfen!"

„Aber du kannst mir gar nicht helfen!", antwortet Rilana laut, „Und ich will, dass du nie wieder irgendwelche blöden Fragen stellst!"

„Welche Fragen sind denn blöd?", sage ich, weil ich überhaupt nicht verstehe, was sie meint.

„Alle Fragen über meine Familie!", antwortet Rilana.

„Warum?", frage ich, „was ist denn schlimmes mit deiner Familie?"

„Ich hab gesagt du sollst nicht fragen!", schreit Rilana mich an.

Im nächsten Moment merke ich, dass Max neben mir steht. Sicher ist er uns hinterher gelaufen.

„Frau Arnold hat gesagt, dass ihr sofort zurück in die Klasse kommen sollt!", ruft er Rilana und mir zu, „und dass ich euch zurückholen soll!"

Da trottet Rilana an uns vorbei und sagt: „Gut, dann gehen wir einfach."

Ich gehe hinter ihr her. An ihren roten Augen sehe ich, dass sie geweint hat.

„Warum kann ich dich nicht einfach trösten, wenn du traurig bist?", frage ich sie leise.

Rilana geht stur weiter und beachtet mich nicht. Stattdessen sagt Max: „Weil jedes Mädchen manchmal zickig ist."

Ich schaue ihn böse an und sage: „Du hast ja keine Ahnung."

In den restlichen zwei Schulstunden reden Rilana und ich heute kein Wort mehr miteinander. Und als sie in Mathe bei einer Rechnung nicht weiterkommt, fragt sie mich auch nicht um Rat. Ich traue mich nicht, sie zu fragen, ob ich ihr helfen soll. Ich frage mich nur selbst, was ich falsch gemacht habe. Und ob Rilana jetzt noch meine Freundin sein will.

Als der Schultag zu Ende geht, verabschiedet sich Rilana nicht einmal. Hastig packt sie ihre Schulsachen zusammen und verlässt die Klasse, ohne noch ein einziges Wort zu sagen. Ich verstehe das alles nicht.

In den letzten Wochen bin ich fast jeden Tag freudestrahlend nach Hause gekommen. Aber als ich heute unsere Wohnung betrete, muss ich auch weinen, genau wie Rilana vorhin. Früher habe ich oft nach der Schule geweint, wenn die anderen gemein zu mir waren. Aber diesmal bin ich traurig, weil Rilana so böse auf mich ist. Und weil sie jetzt vielleicht nicht mehr meine Freundin sein will.

WIEDER GEMEINSAM

Zuhause habe ich mich in meinem Zimmer verkrochen, aber Mama klopft an meine Tür und will wissen, was los ist.

„War wieder jemand gemein zu dir?", fragt Mama während sie sich auf mein Bett setzt.

Ich mache ein trotziges Gesicht und wische mir die Tränen ab.

„Nein", antworte ich, „Rilana ist böse auf mich."

„Sie ist böse auf dich?", fragt Mama, „warum?"

„Weil ich blöde Fragen gestellt habe!", sage ich.

„Was denn für Fragen?", will Mama wissen.

„Fragen über ihre Familie", antworte ich, „und über ihre Mutter. Aber darüber will sie mir nichts erzählen. Ich weiß auch nicht, wieso. Und jetzt mag sie mich nicht mehr."

Ich vergrabe mein Gesicht in meinem Kopfkissen, als Mama beginnt meinen Rücken zu streicheln.

„Mila, ich glaube nicht, dass Rilana böse auf dich ist", sagt sie dann, „ihr Papa hat gerade eben bei mir angerufen und gefragt, ob du heute mit zum Schwimmen gehen willst. Ich glaube, sie will schon wieder mit dir spielen."

„Nein, das stimmt nicht", widerspreche ich, „sie hat den ganzen Tag nicht mehr mit mir geredet. Und mit mir schwimmen gehen will sie sicher auch nicht."

Mama schüttelt den Kopf und nimmt ihr Handy aus der Hosentasche.

„Glaub mir, alle Freundinnen streiten sich manchmal", sagt sie, „sogar ich und meine beste Freundin. Wir rufen sie einfach noch einmal an und fragen, ob du immer noch mitkommen darfst."

„Nein!", rufe ich, „Rilana will mich heute nicht sehen!"

„Das ist halb so schlimm wie du denkst", sagt Mama und wählt schon die Nummer von Rilanas Papa, „manchmal streitet man sich und dann verträgt man sich wieder. Du wirst sehen, das ist ganz einfach."

Ich habe das Gefühl, dass Mama überhaupt nicht begreift, was gerade los ist. Das ist überhaupt nicht ganz einfach! Aber ich kann sie nicht davon abhalten, einfach so Rilanas Papa anzurufen. Ein paar Minuten höre ich sie in der Küche telefonieren. Mama fragt, ob ich immer noch mitkommen darf und dann fragt sie auch, ob Rilana wirklich sauer auf mich ist. Dabei will ich überhaupt nicht, dass sie einfach so mit Rilanas Papa darüber redet.

Dann kommt Mama in mein Zimmer zurück und drückt mir ihr Handy in die Hand.

„Rilana ist dran", sagt sie zu mir, „sie will dich was fragen. Los, rede mit ihr!"

Meine Hand zittert ein wenig, als ich das Handy zu meinem rechten Ohr halte.

„Hallo?", frage ich zaghaft.

„Hallo Mila, ich bin's", sagt Rilanas Stimme und sie klingt auch nervös, „Willst du mit uns schwimmen gehen?"

„Heute?", frage ich, „Jetzt? Einfach so?"

„Ja, einfach so", sagt Rilana vorsichtig und irgendwie glaube ich, dass sie immer noch traurig ist, „nur wenn du willst, natürlich. Du musst nicht."

„Doch sicher", erwidere ich, „dann gehen wir schwimmen."

„Okay!", auf einmal klingt Rilana erleichtert, „Dann holen mein Papa und ich dich in einer halben Stunde ab."

Ich sehe Rilanas Papa heute zum ersten Mal. Bis jetzt hat Rilana immer uns besucht, weil ihr Papa so viel arbeiten muss. Aber heute hat er frei. Das erste, was mir auffällt ist, dass Rilana ihrem Papa gar nicht ähnlich sieht. Er hat hellbraune, glatte Haare, fast genauso wie meine Mama. Und nicht so dunkle, wilde Locken wie Rilana. Seine Augen sind blau und Rilanas dunkelbraun, fast schwarz.

Aber die beiden mögen sich auf jeden Fall. Im Auto erzählt Rilanas Papa Witze und er fragt uns, wie unser Schultag war und wie wir unsere Klasse und Frau Arnold finden. Auf einmal haben wir es so lustig, dass Rilana wieder genauso lacht wie immer und mit mir redet, als hätten wir uns gar nicht gestritten. Darüber bin ich sehr erleichtert. Auch wenn ich immer noch gerne wissen würde, warum sie heute so böse war.

Als wir beim See ankommen, laufen Rilana und ich sofort zum Wasser. Es sind die ersten heißen Tage im Jahr und wir freuen uns riesig auf das Schwimmen. Auf einmal sind wir wieder fröhlich, einfach so. Am Steg bleiben wir kurz stehen.

„Springen wir?", fragt Rilana.

„Und wenn es kalt ist?", frage ich zurück.

„Ist doch egal, so kalt ist es schon nicht", antwortet sie und nimmt meine Hand.

„Eins, zwei, drei!", ruft Rilana und auf drei springen wir beide hoch und landen im nächsten Moment im Wasser.

In den ersten Sekunden fühlt es sich furchtbar kalt an und an der Oberfläche muss ich erst einmal nach Luft schnappen. Aber dann gewöhnt sich mein Körper an das kalte Wasser.

Schwimmen hat mir schon immer Spaß gemacht. Auch Rilana ist wieder aufgetaucht und strampelt mir ihren Füßen.

„Ich bin eine Meerjungfrau!", ruft sie.

„Und ich bin ein Seepferdchen!", rufe auch ich und schwimme zu ihr.

„Ja!", stimmt Rilana mir zu, „ich bin die Meerjungfrau und du mein Haustier, das Seepferdchen!"

Während dem Schwimmen und dem Spielen fühlt sich alles an wie immer. Rilana lacht viel und macht Witze, so wie ihr Papa. Auch mir macht es Spaß und ich übe wie ein Seepferdchen zu schwimmen, auch wenn das nicht so gut klappt. Ein paar Mal klettern wir auf den Steg zurück und springen wieder ins Wasser. Diesmal fühlt es sich nicht mehr so kalt an.

Nach einem der Sprünge erschrecke ich mich. Als ich meine Hand auf meinen Kopf lege, ist mein Kopftuch weg. Sofort werde ich nervös und mein Herz schlägt schneller. Ich mag es nicht ohne Kopftuch unter Leuten zu sein. Ich habe immer das Gefühl, dass ich wegen meinem kahlen Kopf anstarrt werde. Und so habe ich auch jetzt das Gefühl die Blicke von allen Leuten um mich herum auf mir und meinem Kopf zu fühlen. Weil es alle Leute komisch finden, wenn ein Kind eine Glatze hat. Viele glauben dann, dass ich sehr sehr krank bin und schlimme Medikamente bekomme. Dabei stimmt das gar nicht.

Ich drehe mich im Wasser im Kreis und versuche mein Kopftuch zu finden. Aber ich sehe es nicht. Plötzlich schwimmt Rilana neben mir und schon wieder habe ich Angst, auch sie könnte mich komisch anschauen. Und auch wenn sie es nicht macht, will ich nicht, dass sie bemerkt, wie ängstlich ich bin.

Aber für Rilana scheint mein kahler Kopf wieder ganz normal zu sein. Auf einmal klatscht sie mir ein patschnasses, rosa Tuch auf den Kopf.

„Dein Kopftuch", sagt sie, „das hast du im Wasser verloren."

„Danke", sage ich erleichtert, nehme mein Kopftuch und binde es mir richtig um. Und diesmal fester, damit ich es nicht noch einmal verliere.

Jetzt können wir weiterspielen und im Nu habe ich das Kopftuch und die Blicke von den Leuten um mich herum wieder vergessen. Rilana und ich sind wieder die Meerjungfrau und das Seepferdchen.

UNSER VERSPRECHEN

Erst als wir schon fast eine Stunde im Wasser sind, gehen wir zu Rilanas Papa zurück und trocknen uns ab. Danach setzten wir uns an den Steg und schauen auf das Wasser. Langsam geht die Sonne unter, der Himmel wird rot-orange und die restlichen Sonnenstrahlen bringen das Wasser zum Glitzern.

„Ich war heute blöd zu dir", sagt Rilana plötzlich, „bist du mir noch böse, Mila?"

Ich sehe sie verwirrt an und sage: „Ich habe gedacht, du bist böse auf mich. Wegen den blöden Fragen, die ich gestellt habe."

Rilana schüttelt den Kopf.

„Eigentlich war ich nicht böse auf dich", erklärt sie, „eigentlich war ich nur ein bisschen traurig. Und sauer auf die Welt, das bin ich öfter. Aber mein Papa sagt, ich kann nicht einfach böse auf alle anderen sein, nur weil ich meine Mama vermisse. Die können schließlich auch nichts dafür."

„Ich habe meinen Papa auch vermisst, als er ausgezogen ist", erzähle ich ihr dann, „meine Eltern haben sich vor eineinhalb Jahren scheiden lassen. Aber jetzt kommt mich mein Papa oft besuchen. Und meine Eltern streiten nicht mehr."

„Meine Eltern haben sich fast nie gestritten", meint Rilana.

„Warum ist deine Mama dann weggegangen?", frage ich, aber im nächsten Moment ärgere ich mich über meine Frage. Ich sollte sie doch nichts mehr über ihre Familie fragen. Hoffentlich wird sie nicht gleich wieder böse.

Rilanas Gesicht sieht nicht böse aus. Nur wieder ein bisschen traurig. Ihre dicken, dunklen Locken trocknen in der Sonne und irgendwie wellen sie sich gerade besonders schön.

„Meine Mama ist nicht weggegangen", sagt Rilana dann, „sie ist schon im Himmel. Weil sie krank war und nicht mehr gesund geworden ist."

Auf einmal fühle ich mich wie erstarrt und ich weiß nicht mehr, was ich denken soll.

„Sie ist gestorben?", frage ich noch einmal, weil ich gar nicht richtig begreifen kann, was Rilana gerade erzählt hat.

Rilana nickt. Dann sagt sie: „Vor über einem Jahr schon", sie sieht mich eindringlich an, bevor sie weiterspricht, „aber du darfst das niemanden sagen, okay? Ich sage das nur dir. Die anderen in der Klasse sollen das nicht wissen."

„Ist das dein großes Geheimnis?", frage ich sie.

„Jetzt schon", antwortet sie, „in meiner alten Klasse haben es alle anderen Kinder gewusst. Und dann haben sie mich die ganze Zeit über meine Mama ausgefragt. Dann war ich in der Schule immer traurig und hab viel geweint. Und mit jemandem der immer traurig ist, will eben niemand spielen. Und helfen konnten mir die anderen sowieso nicht."

„Bist du deshalb in unsere Klasse gekommen?", frage ich weiter.

Rilana nickt wieder. Ich sehe, wie ihre Augen wieder rot werden und sich mit Tränen füllen.

Jetzt wundere ich mich überhaupt nicht mehr, warum sie so traurig ist. Sie hat es ja noch viel schlimmer als ich. Mir fehlen nur meine Haare und Freunde zum Spielen. Aber Rilana fehlt ihre Mama. Das ist viel schlimmer.

Als die ersten Tränchen über Rilanas Wangen laufen, rücke ich näher an sie heran und lege einen Arm um sie.

„Aber ich will immer Zeit mit dir verbringen", sage ich dann, obwohl ich mir nicht sicher bin, ob sie sich darüber freut, „auch wenn du traurig bist. Das weißt du doch, oder?"

„Ja, das weiß ich", antwortet Rilana, „aber du bist eben anders."

„Wieso, was meinst du?", frage ich.

„Du bist anders, weil du weißt, wie es ist, wenn niemand etwas mit dir zu tun haben will", erklärt mir Rilana, „in meiner alten Klasse, da hatte ich auch keine Freunde mehr."

„Das ist gemein", sage ich, weil mir nicht mehr dazu einfällt.

„Ja, das ist gemein", stimmt Rilana mir zu. Und obwohl ich mir nicht sicher war, ob sie überhaupt von mir umarmt werden will, umarmt sie mich jetzt auch. Wir halten uns aneinander fest.

„Aber wir beide", sage ich da, „wir halten doch zusammen, oder? Egal, was die anderen machen?"

„Ja!", sagt Rilana und wischt sich die letzten Tränen ab. Wir sitzen eng zusammengekuschelt am Steg und lassen die Füße ins Wasser baumeln.

„Welche Krankheit hatte deine Mama?", frage ich und weiß nicht, ob ich nicht schon wieder zu neugierig bin. Aber Rilana erzählt es mir.

„Krebs", sagt sie und deutet auf die linke Hälfte von ihrem Hals, „hier im Hals, in der Schilddrüse. Und dann hat sie ganz schlimme Medikamente bekommen und wegen denen sind ihr die Haare ausgefallen."

Kurz schweigen wir. Deshalb denken wohl so viele Menschen, dass ich auch schwerkrank bin und Medikamente bekomme. Sie denken, dass ich Krebs habe, so wie Rilanas Mama. Plötzlich sieht Rilana mich erschrocken an.

„Du bist doch nicht krank, Mila, oder?", fragt sie.
Ich zögere ein bisschen dann antworte ich:
„Eigentlich schon. Meine Krankheit heißt
kreisrunder Haarausfall."
„Ist die gefährlich?", fragt Rilana weiter.
Ich schüttle den Kopf, „Nein, es fallen einfach
nur die Haare aus. Sonst bin ich gesund."
Da drückt sie mich noch einmal fest.
„Das ist gut!", sagt sie, „Haare sind sowieso
unwichtig."

Eine Zeit lang schauen wir uns noch den roten Himmel an, während der See immer dunkler wird, weil die Sonne untergeht.

Dann frage ich Rilana noch: „Wünscht du dir am meisten, dass deine Mama wieder hier ist?"

„Ja, oder dass ich wenigstens manchmal mit ihr reden könnte. Oder Briefe schreiben", antwortet sie mir, dann sieht sie mich an, „Und was wünscht du dir am meisten, Mila?"

Sofort antworte ich ihr: „Eine beste Freundin! Und dass meine Haare irgendwann wieder wachsen."

Plötzlich fängt Rilana an ein bisschen zu lachen.

„Das erste hast du doch jetzt schon", sagt sie lächelnd zu mir, „oder willst du nicht, dass wir beste Freundinnen sind?"

Ich sehe sie mit großen Augen an und kann nicht fassen, was sie gerade gesagt hat.

„Doch!", stoße ich hervor, „sicher will ich das! Ich war mir nur nicht sicher, ob du mich als beste Freundin haben willst."

Rilana lacht wieder.

„Na wen denn sonst?", fragt sie.

Da zucke ich mit den Schultern und kann nicht aufhören zu lächeln.

„Dann sind wir jetzt die besten Freundinnen?", frage ich noch einmal, weil ich es immer noch nicht glauben kann.

„Die allerbesten Freundinnen!", bestätigt Rilana.

„Versprochen?", frage ich.

„Versprochen!", sagt Rilana.

Und auf einmal strahle ich so sehr über mein ganzes Gesicht und ich glaube, dass ich noch nie so glücklich gewesen bin.

HAARSCHWESTERN

Nach unserem langen Tag am See, ist zum Glück Wochenende und Rilana und ich können ausschlafen. Am Samstag und am Sonntag ruft sie mich an und wir plaudern. Über alles, was uns gerade einfällt. So wie es beste Freundinnen eben machen. Rilana erzählt mir, dass ihre Oma gesagt hat, dass ich sie auch bald einmal besuchen soll. Und dass ich dann den Hund von Rilanas Großeltern kennenlernen kann, den Rilana so gern hat.

Ab jetzt ist Rilana nicht mehr wütend, wenn ich nach ihrer Mama frage. Sie erzählt mir alles in Ruhe. Und wenn sie traurig ist, kann ich sie trösten. Manchmal erzählt sie jetzt sogar von selbst von ihrer Mama und von ihrer ganzen Familie.

Irgendwann frage ich sie, ob wir nicht Blutsbrüderschaft schließen wollen. Als ich noch klein war, hat mir mein Opa einmal davon erzählt: Wenn man so gut befreundet ist, dass man für immer zusammenbleiben will, sollen sich beide Freunde mit einer Nadel in den Finger piksen. Dann blutet man ein bisschen und dieses Blut reibt man dann aneinander. Dann ist man blutsverwandt und für immer Freunde.

Zuerst will Rilana das nicht machen, weil sie Angst vor dem Piksen hat. Aber dann kann ich sie überreden und verspreche ihr, dass es nicht schlimm wehtun wird. Also nehme ich am nächsten Tag eine dünne Nadel aus dem Nähkästchen von meiner Mama in die Schule mit. Und als wir in der großen Pause in den Garten dürfen, laufen Rilana und ich sofort in unser Geheimversteck.

Doch als ich die Nadel auspacke sagt Rilana: „Lassen wir doch das mit der Nadel und dem Blut. Ich habe eine viel bessere Idee!"
Rilana klingt aufgeregt. So, als würde sie sich richtig freuen. Verwundert sehe ich sie an.
„Was denn für eine Idee?", frage ich.

„Wir werden einfach keine Blutbrüder, sondern Haarschwestern!", sagt sie.

„Was werden wir?", frage ich und verstehe überhaupt nicht, was sie meint.

„Weißt du", fängt Rilana auf einmal an zu erzählen, „als meine Mama ihre Haare verloren hat, da war sie so traurig, dass ich meine Haare für sie abschneiden wollte. Aber sie hat immer gesagt, das muss ich nicht, weil ihre eigenen Haare wieder nachwachsen, wenn sie wieder gesund ist. Aber dann ist sie ja nicht mehr gesund geworden."

Immer noch mit fragendem Blick sehe ich Rilana an, weil ich nicht weiß, worauf sie hinaus will. Und ich verstehe nicht, warum sie so aufgeregt und glücklich klingt, während sie mir von ihrer Mama erzählt.

„Aber weißt du, was das Gute daran ist?", fragt Rilana dann und ich schüttle den Kopf, „das Gute daran ist, dass ich meine Haare jetzt noch habe! Und jetzt kann ich sie für dich abschneiden!"

„Was?", frage ich sie und jetzt bin ich völlig verstört, „Rilana, du kannst doch nicht deine schönen Haare abschneiden!"

Aber Rilana ist fest entschlossen.

„Doch", sagt sie, „für dich, Mila. Ich habe das einmal im Fernsehen gesehen. Da hat auch ein Mädchen ihre Haare abgeschnitten für eine Freundin, die keine Haare mehr gehabt hat. Und dann ist eine Perücke daraus gemacht worden."

„Ich will nicht, dass du wegen mir deine Haare abschneiden musst", protestiere ich, „deine Haare sind doch so wunderschön!"

„Ja", sagt Rilana, „wunderschön und furchtbar nervig. Sie sind so lang und schwer und im Sommer ist mir immer heiß. Ich wollte sie sowieso mal abschneiden lassen. Also kann ich sie dir doch auch schenken, Mila!"

Immer noch unentschlossen sehe ich sie an. Rilana hat wirklich die schönsten Haare, die ich je gesehen habe. Ich kann überhaupt nicht verstehen, warum sie sich von denen trennen will. Aber trotzdem wäre es für mich das

Allerschönste, wenn ich solche Haare haben könnte wie sie.

„Komm schon", sagt Rilana und rüttelt an meiner Schulter, „stell dir vor wir könnten beide die schönsten Locken der Welt haben! Dann wären wir fast sowas wie Schwestern. Haarschwestern eben!"

Langsam lasse ich mich überreden.

„Eigentlich wäre das richtig toll, wenn ich wieder Haare haben könnte", gebe ich zu.

„Siehst du!", ruft Rilana, „das machen wir!"

„Aber bist du dir wirklich sicher, dass du das machen willst?", frage ich sie misstrauisch, „du musst das nicht wegen mir machen. Ich will auch einfach so deine beste Freundin sein."

„Ich will aber!", sagt Rilana und lässt sich nicht von ihrer Idee abbringen, „unbedingt!"

Da atme ich einmal tief durch und im nächsten Moment lache ich fast so sehr über mein ganzes Gesicht wie an unserem Tag am See.

„Okay!", sage ich, „dann machen wir das! Wir werden nicht Blutsbrüder, wir werden Haarschwestern!"

Und als ich das gesagt habe, fällt Rilana mir sofort um den Hals und umarmt mich fest.

Meine Nadel habe ich wieder weggepackt und in den nächsten Schulstunden sitzen Rilana und ich freudestrahlend nebeneinander.
„Na ihr zwei?", fragt Frau Arnold, „warum seid ihr denn so fröhlich?"
Sie lächelt und wir beide müssen kichern.
Natürlich versteht Frau Arnold nicht, was los ist.
Rilana flüstert mir ins Ohr: „Lass es uns noch nicht verraten. Das ist unser Geheimnis und wenn du deine neuen Haare hast, dann überraschen wir alle!"
Ich lächle sie an und nicke.
„Es ist ein Geheimnis!", sage ich zu Frau Arnold, „das darf noch niemand wissen außer uns!"
Frau Arnold lächelt auch und nickt.
„Ich verstehe", sagt sie.
Dann flüstere ich zu Rilana: „Aber meiner Mama und deinem Papa müssen wir es schon sagen! Sie müssen doch mit uns zum Frisör gehen!"

„Ja, da hast du recht", sagt Rilana, „sagen wir es ihnen gleich heute."

Und genauso machen wir es. Als ich heute nach Hause komme, erzähle ich Mama sofort von Rilanas Idee. Zuerst zögert Mama, genauso wie ich vorhin. Sie fragt, ob Rilana das denn wirklich machen will und ob sie sich das gut überlegt hat. Immerhin dauert es ziemlich lange bis so schöne lange Haare wieder nachwachsen. Aber dann erzähle ich ihr alles von Anfang an und Mama verspricht mit Rilana und ihrem Papa darüber zu reden.

„Ja, bitte!", sage ich zu ihr, „Stell dir vor, ich könnte wieder richtige Haare haben, Mama! Und wenn Rilana ihre Haare für die Perücke spendet, dann brauchen wir nicht einmal das viele Geld bezahlen, das du gespart hast!"

„So genau weiß ich das gar nicht", gibt Mama zu, „vielleicht müssen wir trotzdem jemanden bezahlen, der die Perücke herstellt. Nur mit Haare abschneiden, ist das ja noch nicht getan."

„Aber du hast doch immer gesagt, dass Perücken so teuer sind, weil sie aus echten Haaren gemacht sind", antworte ich, „und die echten Haare schenkt Rilana mir jetzt."

„Na gut, Mila" sagt Mama, „wir reden mit ihrem Papa darüber, okay? Aber sei ihr nicht böse, wenn sie sich doch noch umentscheidet. Es sind immer noch ihre Haare."

Ich nicke und sage: „Ja, du hast recht." Und das wichtigste ist ja jetzt sowieso, dass wir beste Freundinnen sind, egal ob wir die Haare teilen oder nicht. Aber weil Rilana heute in der Schule so fest entschlossen war, ihre Haare abzuschneiden, glaube ich nicht, dass sie es doch nicht machen will.

Später höre ich Mama wirklich mit Rilanas Papa telefonieren, aber was sie genau sagen, verstehe ich nicht. Mama hat die Tür zur Küche zugemacht. Wahrscheinlich sagt sie ihm noch einmal extra, dass Rilana ihre Haare nur abschneiden soll, wenn sie wirklich will. Stimmt ja auch. Trotzdem wünsche ich mir, dass es klappt.

MODENSCHAU

Am nächsten Tag kommt Rilana mich nachmittags besuchen und sie bringt ein paar ausgedruckte Seiten mit, auf denen Kinder mit und Kinder ohne Haare zu sehen sind. Mit diesen Seiten läuft sie sofort zu meiner Mama in der Küche und sagt: „Mein Papa hat gesagt ich soll dir das geben. Da steht, wie man Haare spenden kann."

Ich stelle mich neben Mama und fange auch an zu lesen. Mama überfliegt die Seiten schnell und als ich gerade erst die ersten Zeilen gelesen habe, hat sie wohl schon verstanden, worum es genau geht.

„Da geht es um einen Verein", sagt sie, „er heißt Rapunzel. Sie schneiden Menschen mit langen Haaren gratis die Haare und dann werden aus den Haaren Perücken gemacht. Für Kinder, die keine Haare mehr haben."

„Ja, toll oder?", fragt Rilana, „die haben viele gute Frisöre. Da könnte ich mir einen Termin machen und die schneiden mir die Haare dann ab."

„Bist du dir denn sicher, dass du deine Haare nicht mehr haben willst, Rilana?", fragt meine Mama.

Rilana nickt eifrig.

„Ja, dann bekommt sie Mila", sagt sie.

„Aber dann hast du sie nicht mehr", meint meine Mama, „es wäre auch okay, wenn dir deine Haare wichtig sind und du sie behalten willst."

Rilana lacht nur und sagt: „Ich rasiere mir doch keine Glatze. Ich habe dann schon noch Haare, nur sind sie dann viel kürzer."

„Wie viel willst du denn abschneiden?", frage ich sie aufgeregt. Ich weiß genau, je mehr sie abschneiden lässt, desto länger werden meine Haare auf der Perücke letztendlich sein.

„Bis hier hin", sagt Rilana und deutet auf ihr Kinn, „so eine Frisur hatte meine Mama auch einmal. Das war hübsch."

Erstaunt nehme ich Rilanas ganze Haarpracht in die Hand und sehe mir an, wie viel von ihren

Haaren für mich übrig bleiben wird, wenn sie sie tatsächlich so kurz abschneiden lässt. Rilanas Haare sind so lang gewachsen, dass sie bis über ihren Bauchnabel gehen.

„Wenn ich sie bis zum Kinn abschneide", sagt Rilana, „Dann bleiben fünfundfünfzig Zentimeter für dich übrig. Das hat mein Papa abgemessen. Dann hättest du eine richtig schöne Perücke mit langen Haaren."

„Das wäre so toll!", rufe ich, „Mama, bitte sag Ja!"

Mama lacht.

„Das darf ich nicht entscheiden", sagt sie, „das ist Rilanas Entscheidung."

„Na dann!", sagt Rilana und grinst, „dann ist es einfach, ich habe mich nämlich schon entschieden!"

Ich umarme sie und kann kaum glauben, dass ihre wunderschönen Haare bald mir gehören sollen.

„Setz dich mal hin, Mila!", fordert Rilana mich auf.

Als ich mich an den Küchentisch gesetzt habe, packt sie links und rechts ihre Haare und legt sie mir von oben über den Kopf. Die Haare fühlen sich weich an und sie kitzeln.

„Sieht doch toll aus, oder?", fragt Rilana.

Mama nickt und sagt: „Ja, sehr schön. Fast ein bisschen wie früher. Als Mila ganz klein war hatte sie hellbraune Löckchen."

Mama gibt mir einen kleinen Spiegel in die Hand und als ich mich selbst darin sehe, finde ich es jetzt schon wunderschön, obwohl die Haare nur über meinen Kopf gelegt sind.

„Jetzt sehe ich aus wie eine Prinzessin!", sage ich begeistert.

„Und wie meine Zwillingsschwester!", ergänzt Rilana.

„Ja!", stimme ich ihr zu, „Wir sind Haarschwestern!"

„Versprochen?", fragt Rilana.

„Versprochen!", sage ich.

Und jetzt hat wohl auch Mama verstanden, das wir das beide auf jeden Fall machen wollen.

Rilana kommt zum Spielen mit in mein Zimmer und dort zeige ich ihr alle Kopftücher und Mützen die ich habe. Gezählt habe ich sie nie, aber es sind auf jeden Fall sehr sehr viele.

„Bald werde ich die alle nicht mehr brauchen!", sage ich zu Rilana.

„Nur im Winter, wenn dir kalt ist!", meint Rilana, „aber wenn man so viele und so dicke Haare hat wie ich, wird einem nicht so schnell kalt."

Rilana macht meinen Kleiderschrank auf und schaut sich meine Sachen an. Die meisten davon sind rosa. Aber ein paar blaue und grüne Sachen habe ich auch. Nur ziehe ich die fast nie an, weil ich Angst habe, dass die Leute auf der Straße denken könnten, dass ich ein Junge bin. Rilana nimmt ein hellblaues T-Shirt aus dem Schrank.

„Das kannst du dann auch wieder anziehen!", sagt sie, „und alle anderen Sachen, die nicht rosa sind!"

Sie fängt an, alle bunten Sachen aus meinem Schrank auszuräumen und fragt: „Willst du eine

Modenschau machen? Und alles anprobieren, was du sonst nie angezogen hast?"

„Ja!", rufe ich, „und von meiner Mama kann ich Schminksachen holen! Wir machen uns richtig hübsch!"

Im Nu haben wir viele T-Shirts, Röcke und Hosen zusammengesammelt und während Rilana das erste Outfit kombiniert, tupfe ich Lipgloss auf meine Lippen. Davon glänzen sie schön.

Danach ziehe ich das blaue T-Shirt und dazu eine enge graue Jeans an und setzte mich vor den kleinen Spiegel in meinem Zimmer.

„Schau", sagt Rilana und legt noch einmal ihre Haare über meinen Kopf, „sieht doch super aus!"

Ich nicke und erst jetzt fällt mir auf, dass ich die ganze Zeit über schon ohne Kopftuch herumlaufe. Normalerweise mache ich das nicht einmal zu Hause. Aber heute ist es mir egal. Ich fühle mich wie eine echte Prinzessin. Oder wie ein Model bei der Modenschau.

Auch Rilana zieht sich um. Sie hat einen Jeansrock angezogen und versucht jetzt sich mit der schwarzen Wimperntusche von meiner Mama die Wimpern dunkler zu malen. Aber sie malt raus und nicht nur ihre Wimpern sondern auch um ihre Augen herum wird es schwarz.

„Upsi", sagt sie und versucht das Schwarze wieder wegzuwischen, „ich glaub, das kann ich doch nicht. Hast du noch Wimpern, Mila?"

„Ein paar Wimpern habe ich noch", erkläre ich ihr, „aber nicht viele. Und meine Augenbrauen sind alle ausgefallen."

„Aber Augenbrauen kann man doch sicher aufmalen!", meint Rilana und nimmt irgendeinen braunen Schminkstift aus der Schminktasche von meiner Mama.

Mit diesem Stift malt sie mir zwei dünne Striche über die Augen. Im nächsten Moment lacht sie laut, weil es anscheinend sehr komisch aussieht. Und als ich in den Spiegel schaue, muss ich auch lachen. Die Striche die Rilana gezeichnet hat sind viel zu dünn und viel zu gerade. Es sieht richtig dumm aus, aber ich lache trotzdem.

„Ich glaube ohne Augenbrauen gefällt es mir doch besser", sage ich.

Hier hat Rilana schwarze Flecken von der Wimperntusche im Gesicht. Eigentlich haben wir bei unserer Modenschau ziemlich komisch ausgesehen, aber das war nicht schlimm.

Nachdem wir noch ein paar Sommerkleider probiert haben, geht auf einmal die Tür zu meinem Zimmer auf. Mama kommt mit Emil auf dem Arm herein und beide schauen uns verstört an, als sie uns sehen.

„Wie seht ihr denn aus?", fragt Mama erschrocken und ihre Blicke wandern zwischen meinem Lipgloss, den zwei Strichen über meinen Augen und Rilanas verschmierter Wimperntusche hin und her.

Emil fängt an zu lachen.

„Wir sind bei einer Modenschau!", ruft Rilana und wirft die Arme in die Luft.

Mama lächelt, aber sie sieht trotzdem ein bisschen genervt aus. Hoffentlich ist sie uns nicht böse, weil wir ihre Schminksachen genommen haben.

„Ich glaube ihr seid ohne Schminke hübscher, Mädels", sagt sie dann, „wascht das doch wieder ab und kommt zum Abendessen."

Und nachdem wir uns die Gesichter gewaschen haben, lachen wir und stellen fest, dass wir so wirklich am schönsten aussehen.

Aber am neugierigsten bin ich darauf, wie Rilana mit kurzen Haaren und ich mit meiner Perücke aussehen werde.

BEIM RAPUNZEL FRISÖR

Nur noch ein paar Schultage vergehen, bis Rilana einen Frisörtermin bei dem Rapunzel Verein bekommt. Schon nach dem nächsten Wochenende können wir hingehen. Ich bekomme auch einen Termin, weil ein Kopfabdruck von mir gemacht werden muss, damit die Perücke später perfekt auf meinen Kopf passt. Ich bin sehr aufgeregt, weil ich bis jetzt noch nie beim Frisör gewesen bin.

In den Schulstunden können wir uns fast nicht mehr konzentrieren. Die ganze Zeit müssen wir daran denken, dass wir bald zum Frisör gehen. Und wir hören nicht auf, über Haare und Frisuren zu reden.

„Mein Papa hat mir schon bunte Haarbänder gekauft", erzählt Rilana mir in der Mathestunde, „wenn man die in eine Kurzhaarfrisur bindet, sieht es süß aus, sagt er."

„Ja", flüstere ich zurück, „und du musst mir dann zeigen, wie man Zöpfe und Frisuren flechtet. Ich habe das noch nie gemacht. Meine Haare sind ausgefallen, bevor sie lang genug dafür waren."

Rilana verspricht es mir.

Plötzlich sieht Frau Arnold uns streng an.

„Was flüstert ihr denn die ganze Zeit, Mila und Rilana?", fragt sie.

Ich traue mich nicht zu antworten aber Rilana sagt: „Ist unser Geheimnis!"

Frau Arnold seufzt.

„Ich finde es ja schön, dass ihr so gute Freundinnen seid", sagt sie zu uns, „und ihr dürft auch Geheimnisse haben. Aber die müsst ihr nach der Mathestunde besprechen, okay?"

Wir nicken beide beschämt und fangen wieder an zu rechnen. Ich habe das Gefühl, dass die Zeit noch nie so langsam vergangen ist, wie jetzt, wo ich auf meine neuen Haare warte.

Aber dann vergehen die letzten Tage endlich doch noch. An einem Dienstag gehen Rilana und ich zum Rapunzel Frisör. Als wir den Salon betreten, werden wir sofort von einem jungen Mann begrüßt.

„Ihr seid sicher Mila und Rilana", sagt er und gibt uns beiden die Hand, „ich bin heute euer Frisör und ihr dürft Toni zu mir sagen."

Dann bringt uns Toni zu unseren Plätzen und wir dürfen uns beide vor zwei große Spiegel setzen.

Als erstes kümmert er sich um Rilana und kämmt ihre langen Haare durch.

„Du hast wirklich wunderschöne Haare, Rilana", sagt Toni, „eine Perücke mit deinen langen Haaren würde normalerweise sehr viel Geld kosten."

„Aber ich spende sie ja!", fällt Rilana ihm ins Wort, „deshalb muss Mila das viele Geld nicht bezahlen!"

„Genau", stimmt Toni der Frisör ihr zu, „wir sind ein Haarspende-Verein, das heißt wir arbeiten nur mit gespendeten Haaren und stellen dann die Perücken gratis her. Für Kinder, die keine Haare mehr haben."

Mama und Rilanas Papa lächeln mich an.

Dann sagt Toni noch zu Rilana: „Das ist sehr mutig von dir, dass du das machst."

„Ja, aber ich will das auf jeden Fall machen!", sagt Rilana. Wahrscheinlich denkt sie, dass sie Toni gleich wieder fragen wird, ob sie sich auch sicher ist, dass sie ihre Haare abschneiden will. Aber das ist sie mittlerweile so oft gefragt worden, dass es ihr schon auf die Nerven geht.

„Sie ist ganz fest entschlossen", erklärt Rilanas Papa uns und dem Frisör, „und davon können wir sie nicht mehr abbringen. Das hat sie von ihrer Mutter, die hat auch immer alles durchgezogen, was sie sich in den Kopf gesetzt hat."

„Dann war deine Mama genauso mutig wie du!", stelle ich fest und Rilana lächelt.

„Ja und noch viel mutiger!", sagt sie.

Toni teilt Rilanas Haare in zwei dicke Zöpfe, die er hinter ihren Ohren mit einen Zopfgummi festbindet.

„Na dann", sagt Toni, „auf die mutigen Damen! Ab mit den Haaren!"

Er setzt die Schere an dem rechten Zopf an und fragt Rilana noch einmal: „Ich fange jetzt an zu schneiden, okay?"

„Ja, endlich!", sagt Rilana ungeduldig.

Toni lacht und beginnt den ersten Zopf abzuschneiden. Die Schere knirscht. Rilana hat so viele und so dicke Haare, dass es lange dauert, bis der Zopf ganz durchgeschnitten ist. Kurz befürchte ich, dass die Schere vielleicht zu klein oder zu stumpf ist, aber dann klappt es. Toni hält Rilanas Zopf in der Hand. Er ist wirklich lang. Und obwohl es nur die Hälfte ihrer Haare sind, ist er auch sehr dick.

„Bitteschön, Rapunzel", sagt Toni zu Rilana und gibt ihr den Zopf in die Hand.

Rilana ist selbst erstaunt wie lang er ist und streicht über die vielen Haare.

„Und wie fühlt es sich an?", will Rilanas Papa wissen.

Rilana schüttelt ihre Haare und auf der rechten Hälfte ihres Kopfes reichen die Locken jetzt nur noch bis zu ihrem Kinn.

„Befreiend", sagt sie und fährt mit den Fingern durch ihre kurzen Haare, „und ganz leicht. Aber auch sehr ungewohnt."

Und so hat es ausgesehen, als Rilana zur Hälfte lange und zur Hälfte kurze Haare hatte.

„Ja", lacht Toni, „das wird ein bisschen dauern, bis du dich daran gewöhnt hast. Am Anfang wirst du dich beim Kämmen erschrecken, weil da auf einmal keine Haare mehr über den Schultern sind."

Rilana grinst. Und ich lache auch.

„Aber so sieht es komisch aus", sage ich, „du musst den zweiten Zopf auch noch abschneiden, Toni!"

„Ja, so kann man das nicht lassen", stimmt Toni mir zu und setzt die Schere am zweiten Zopf an.

Wieder knirscht die Schere und auch der zweite Zopf wird abgeschnitten. Dann kräuseln sich Rilanas restlichen Haare alle nur noch bis zu ihrem Kinn. Toni schüttelt die Haare mit den Fingern ein bisschen auf.

„Sieht richtig cool aus!", sagt Toni.

„Ich habe das Gefühl, als würde ich gerade träumen", meint Rilana, aber sie lacht noch immer. Ich glaube nicht, dass sie traurig ist, dass ihre langen Haare jetzt abgeschnitten sind.

Beide von Rilanas Zöpfen werden sicher in ein Stück Stoff eingewickelt. Toni sagt, wir sollen sie am besten nicht mehr anfassen, damit sie nicht durcheinander kommen.

Dann werden Rilanas kurze Haare gewaschen und noch einmal gerade geschnitten, damit es schön aussieht. Und auch mein kahler Kopf wird gewaschen und dann legt Toni viele Stoffstreifen auf meinen Kopf, die wie Verband aussehen. Vorher taucht er die Stoffstreifen in eine Masse aus Wasser und Gips, damit sie fest an meinem Kopf kleben.

„Das wird jetzt ein Kopfabdruck von dir, Mila", erklärt er mir, „ungefähr so wie ein echter Gips oder ein Kopfverband, wenn du dich verletzt hast. Die Streifen kommen ganz fest und ganz dicht an deinen Kopf. Und wenn alles getrocknet ist, nehmen wir sie wieder ab und wissen genau, welche Form dein Kopf hat.

Ich nicke und bin fasziniert. Als ich in den Spiegel schaue, sehe ich wirklich aus, als hätte ich einen ganz dicken Kopfverband. Die Gipsstreifen werden bald hart und es fühlt sich komisch auf der Haut an. Zum Glück kann Toni sie bald wieder abnehmen.

Wie ein runder weißer Kopf sehen die Gipsstreifen jetzt aus, als Toni mir meinen Kopfabdruck zeigt.

„Und damit können wir jetzt eine Perücke machen, die genau auf deinen Kopf passt", sagt Toni.

So hat Rilana nach dem Frisörtermin ausgesehen.

Dann nimmt er den Abdruck von meinem Kopf und die Haare von Rilana mit und bringt sie einem anderen Frisör.

„Wir haben hier auch ein paar Leute, die Perücken knüpfen können", erklärt Toni, „aber es dauert eine ganze Weile bis eine Perücke fertig ist, weil jedes Haar einzeln geknüpft werden muss."

„Wie lange dauert das denn?", fragt Rilana, denn anscheinend ist sie genauso ungeduldig wie ich.

„Ein paar Wochen bestimmt", meint Toni, „aber in den Sommerferien, noch bevor das neue Schuljahr anfängt, kannst du deine Perücke abholen, okay, Mila?"

Ich nicke. Ein paar Wochen müssen wir also noch warten.

„Und was machen wir bis dahin?", fragt Rilana mich leise und lächelt.

„Ich glaube in den Ferien wird uns genug einfallen, was wir machen können", sage ich und lächle auch.

Und da bin ich mir sicher, dass die nächsten Wochen, bis ich meine Perücke bekomme, schnell vergehen werden. Immerhin kommt jetzt der erste Sommer, den ich mit meiner besten Freundin verbringen kann.

An den ersten Schultagen nach dem Termin beim Frisör wundern sich die anderen Kinder über Rilanas kurze Haare. Sogar Frau Arnold wundert sich ein bisschen, als sie Rilana sieht, aber sie sagt, es steht ihr gut.

„Du siehst fast ein bisschen aus wie ein Junge!", ruft Marlene durch die ganze Klasse.

„Vielleicht wollte sie so aussehen, damit sie besser zu Mila dazu passt!", sagt da auch Jasmin und beide fangen an zu lachen.

Rilana macht ein wütendes Gesicht.

„Manche Frauen haben kurze Haare", sagt sie böse, „und manche haben gar keine Haare. Aber sie sind trotzdem Frauen! Und wer das nicht versteht, der ist dumm!"

„Ja da hat sie recht!", stimme ich ihr zu und bemerke, dass auch meine Stimme lauter ist, als früher.

Dann klatscht Frau Arnold zwei Mal in die Hände, damit wir leise sind und sagt schließlich, dass sie nie wieder hören will, dass irgendjemand wegen seinem Aussehen beleidigt wird. Da sind Jasmin und Marlene ruhig.

So leise ich kann flüstere ich zu Rilana: „Du darfst ihnen ruhig sagen, warum du sie abgeschnitten hast. Dann verstehen sie sicher, warum du jetzt so kurze Haare hast."

Aber Rilana schüttelt den Kopf.

„Das ist unser Geheimnis, schon vergessen?", fragt sie, „Was die anderen sagen, kann uns doch egal sein. Wenn du deine neue Perücke hast, dann überraschen wir alle. Dann werden sie sich alle wundern!"

Und dann grinsen wir uns beide an.

FERIEN

Zwei Wochen später ist der letzte Schultag und wir bekommen unsere Zeugnisse. Ich habe nur Einser, aber das wundert mich nicht, das ist jedes Jahr so. Rilana hat eine bunte Mischung aus Einsern, Zweiern und Dreiern in ihrem Zeugnis, aber nichts schlechteres. Das heißt wir werden auch nächstes Jahr zusammen in eine Klasse gehen.

„So gut war mein Zeugnis im letzten Jahr nicht", meint Rilana, „das ist nur, weil du so viel mit mir gelernt hast. Danke, Mila!"

Frau Arnold wünscht uns noch einen schönen Sommer und dann verlassen Rilana und ich Hand in Hand die Schule. Im Sommer wollen wir uns oft sehen. Jetzt haben wir so viel Zeit, die wir miteinander verbringen können. In den letzten Jahren war mir im Sommer oft langweilig, aber das wird dieses Jahr bestimmt nicht passieren.

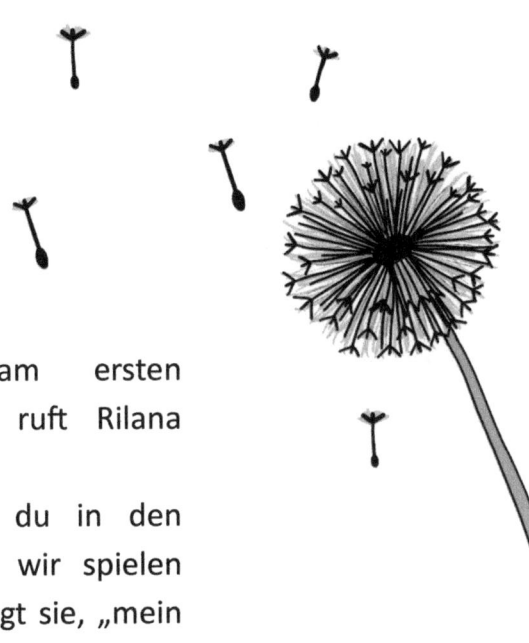

Schon am ersten Ferientag ruft Rilana mich an.

„Kommst du in den Park und wir spielen was?", fragt sie, „mein Papa arbeitet und ich bin bei meinen Großeltern. Und mein Opa will immer nur Mensch ärgere dich nicht spielen, das macht überhaupt keinen Spaß mehr."

Ich muss lachen. Meine Großeltern wollen auch immer Karten spielen.

„Ja, treffen wir uns im Park", sage ich, „kommst du in einer halben Stunde?"

„Ja!", verspricht Rilana und genauso machen wir es.

Es ist so heiß, dass wir uns die ersten zwei Stunden im Gebüsch verkriechen und spielen, dass wir Füchse in ihrem Bau sind. Erst am späten Nachmittag wird es ein bisschen kühler und wir gehen zu den Schaukeln. Rilana schaukelt so hoch, dass ich fast Angst habe, dass sie runter fällt.

„Hey Mila!", ruft sie während sie hin und her schwingt, „willst du nächste Woche zu meiner Oma und meinem Opa mitfahren? Die haben ein Haus am See!"

„Zu deiner Oma und deinem Opa?", frage ich, „ich dachte bei denen bist du schon jeden Tag. Und du hast gesagt, es ist langweilig!"

„Nein, das sind die Eltern von meinem Papa, die wohnen neben uns", erklärt sie, „aber die Eltern von meiner Mama haben ein Haus am See und sie wollen mich auch mal wieder sehen. Und ich bin mir sicher sie freuen sich, wenn du mitkommst!"

„Achso", sage ich und überlege, „okay, dann frage ich meine Mama!"

Und als ich Mama heute beim Abendessen frage, erlaubt sie, dass ich zu Rilanas Großeltern mitfahre.

„Sicher darfst du", sagt Mama, „du bist ja schon groß, Mila."

Mama tätschelt meine Wange. Ich glaube, ich bin viel nervöser als sie. Ich habe noch nie mehrere Tage ohne meine Eltern verbracht. Und bei fremden Großeltern bin ich auch noch nie gewesen. Was wenn ich Heimweh bekomme?

„Wenn du uns vermisst, dann rufst du mich einfach an", sagt Mama plötzlich, als ob sie meine Gedanken gelesen hätte. Wahrscheinlich hat sie meinen ängstlichen Blick gesehen.

Also rufe ich Rilana an und sage ihr, dass ich mitkomme. Sie freut sich und sagt, dass wir nächste Woche losfahren können.

Die Tage vor der Abreise vergehen schnell. Rilana und ich treffen uns fast jeden Tag und dann bin ich auch schon mit Kofferpacken beschäftigt. Ich weiß gar nicht, was ich alles mitnehmen soll, ich war schließlich noch nie alleine irgendwo im Urlaub. Rilana und ich wollen eine ganze Woche bei ihren Großeltern bleiben. Zum Glück hilft Mama mir beim Packen, sonst würde ich vielleicht etwas wichtiges vergessen.

Rilanas Papa fährt uns zu ihren Großeltern, aber er kann selbst nicht dort bleiben, weil er arbeiten muss. Als ich mich von Mama verabschiedet habe, hatte ich einen Kloß im Hals und ich hoffe, dass ich nicht doch noch Heimweh bekomme.

Aber im Auto mit Rilana und ihrem Papa ist es immer lustig. Rilanas Papa kann die lustigsten Geschichten erzählen. Und Rilana erzählt davon, wie schön es bei ihren Großeltern ist. Ich frage mich ob ihre Großeltern noch sehr traurig sind. Schließlich ist ja ihre Tochter gestorben. Werden sie sich überhaupt richtig freuen können, wenn wir da sind?

Doch als wir ankommen, sehen Rilanas Oma und ihr Opa aus wie ganz normale Großeltern, die lachend aus dem Haus kommen, als sie das Auto hören und Rilana mit offenen Armen begrüßen. Rilana springt ihrem Opa sofort entgegen und er fängt sie auf.

„Unser Goldkind ist wieder da!", ruft ihr Opa.

Da muss ich kichern. Goldkind ist ein komisches Wort, so hat mich noch nie jemand genannt. Während Rilana ihren Opa begrüßt, gibt ihre Oma mir die Hand.

„Und du bist sicher Mila!", sagt sie, „ist das schön, dass du mitgekommen bist. Habt ihr schon Hunger?"

Rilana umarmt auch ihre Oma und lacht. Dann sagt sie: „Daran musst du dich gewöhnen Mila. Meine Oma fragt fünfzig mal am Tag, ob du Hunger hast und es gibt die ganze Zeit zu essen."

Ich lache auch wieder. Sie ist genau wie meine Oma. Sie sind wirklich ganz normale Großeltern.

Die Stimmung ist von Anfang an fröhlich und ausgelassen. Rilanas Opa ist noch sehr sportlich und spielt im Garten fangen und verstecken mit uns. Direkt hinter dem Haus ist ein Wald, dort können wir uns viele Verstecke bauen, sagt Rilana. Und einen Teich haben sie auch im Garten, deshalb gehen Rilana und ich sofort schwimmen. Als ich hinein springe, bin ich überrascht, dass das Wasser schon so warm ist.

„Fast wie eine Badewanne!", rufe ich.

Rilana nickt.

„Ein kleiner Teich heizt sich schnell auf", sagt sie.

Beim Abendessen fragt Rilanas Oma dann: „Was hast du denn mit deinen Haaren gemacht, Schätzchen? Die waren doch so schön lang früher!"

„Die hab ich abgeschnitten", meint Rilana gelassen, „für Mila. Damit sie auch wieder Haare hat."

„Bei mir sind die Haare ausgefallen als ich drei war", erkläre ich, „weil ich kreisrunden Haarausfall habe."

„Dann freust du dich sicher, dass du jetzt wieder Haare bekommst, oder?", fragt Rilanas Opa.

Ich nicke. Und Rilanas Oma sagt: „Die werden dir sicher gut stehen. Aber ich finde du bist so auch sehr hübsch."

„Wirklich?", frage ich verwundert. Mich hat noch nie jemand hübsch genannt, außer meiner Mama und meinem Papa.

„Ja sicher doch", sagt Rilanas Oma, „du hast ein sehr hübsches Gesicht. Meine Tochter hat auch ihre Haare verloren, aber sie war trotzdem noch eine sehr hübsche Frau."

„Wie hat sie eigentlich geheißen?", frage ich und überlege im nächsten Moment sofort wieder, ob ich das überhaupt fragen darf. Aber hier ist mir niemand böse, wegen den Fragen, die ich stelle.

„Das weißt du doch Rilana", sagt ihre Oma, „Willst du Mila sagen, wie deine Mama geheißen hat?"

„Meine Mama hat Theresa geheißen", sagt Rilana, während sie sich auf den Schoß von ihrem Opa setzt und sich an ihn kuschelt. Ihr Opa schmiert ihr Schokoladencreme aufs Brot. Ich glaube, sie haben sich wirklich sehr lieb.

„Ja, das war der einzige Name, der Oma und Opa beiden gefallen hat", erzählt Rilanas Oma und ich wundere mich sehr, dass sie lacht während sie redet. Sind sie denn nicht mehr traurig?

„Vermisst ihr sie gar nicht mehr?", frage ich deshalb vorsichtig.

„Doch doch natürlich", erwidert Rilanas Oma, „sehr sogar. Aber wir erinnern uns auch gern an sie. Sie war ein ganz tolles Mädchen, von klein auf."

„Und wenn Rilana hier ist", ergänzt ihr Opa, „dann erinnert sie uns an Theresa. Da vermissen wir sie ein bisschen weniger."

Da nickt auch Rilana.

„Mein Papa sagt immer, ich habe alle schönen Sachen von meiner Mama geerbt", erzählt sie, „und am schönsten sind ihre Haare und ihre

Augen. Die haben genauso ausgesehen wie meine."

„Und jetzt bekommt Mila auch so schöne Haare!", sagt Rilanas Oma und streichelt mir über das Kopftuch.

Ich habe das Gefühl, dass sie mich jetzt schon gern haben, obwohl sie mich noch gar nicht richtig kennen.

Am Dachboden haben Rilanas Großeltern ein eigenes Zimmer für uns beide eingerichtet. Das Zimmer in dem Rilanas Mama als Kind geschlafen hat, sieht noch immer aus wie früher und das will auch niemand verändert. Aber schlafen will Rilana dort auch nicht, deshalb haben wir den Dachboden bekommen.

Aber der Dachboden ist sowieso viel gemütlicher und wir haben auch mehr Platz. Rilanas Großeltern haben einen großen Dachboden und ihr Opa hat uns ein großes Matratzenlager aufgebaut mit vielen kuscheligen Decken und Polstern.

Als wir schlafen gehen, reden Rilana und ich noch bis in die Nacht und erzählen uns Geschichten. Und als ich am nächsten Morgen aufwache, weiß ich gar nicht mehr, wann wir eingeschlafen sind. Ich habe ganz vergessen, dass ich Angst hatte, Heimweh zu bekommen. Irgendwie fühle ich mich mittlerweile fast wie zu Hause, wenn Rilana bei mir ist.

Und so haben wir eine wunderschöne Woche bei Rilanas Großeltern. Manchmal machen sie Ausflüge mit uns, manchmal bleiben wir zu Hause und Rilana und ich spielen im Garten oder im Wald.

Mit dem Essen hat Rilana auch nicht zu viel versprochen. Ihre Oma steht jeden Tag stundenlang in der Küche und kocht für uns und es schmeckt immer gut.

Wir haben so schönes Wetter, dass wir jeden Tag schwimmen gehen können. Und mit alten Decken und Ästen bauen wir uns im Wald eine richtige Höhle. Wir haben so viel Spaß, dass ich sogar vergesse, dass ich eigentlich ungeduldig auf meine neue Perücke warte und möchte das die Zeit schneller vergeht. Hier vergeht die Zeit rasend schnell. Und als Rilanas Papa uns nach einer Woche wieder abholt, bin ich fast ein bisschen traurig, dass wir wieder wegfahren müssen.

„Aber ihr könnt uns doch bald wieder besuchen!", verspricht Rilanas Oma.
„Ja, bitte Oma!", sagt Rilana, „und Mila darf wieder mitkommen oder? Sie ist doch meine beste Freundin und eine beste Freundin darf überall hin mit!"
„Mila ist immer willkommen!", sagt ihre Oma und ich freue mich riesig.
Eigentlich gibt es nichts schöneres, als Freunde zu haben und nicht mehr allein zu sein.

DIE NEUE MILA

Den restlichen Sommer sind Rilana und ich fast jeden Tag zusammen. Nur einmal, als sie mit ihrem Papa nach Italien ans Meer fährt, bin ich allein zu Hause und spiele mit Emil oder mein eigener Papa kommt mich besuchen.

Zwei Wochen bevor die Schule wieder anfängt, läutet Mamas Handy. Und nachdem sie abgehoben hat ruft sie: „Mila, es ist für dich!"
Zuerst glaube ich, dass Rilana angerufen hat, aber als ich das Handy zu meinem Ohr halte, meldet sich eine Männerstimme.
„Hallo Mila", sagt die Stimme, „hier ist Toni. Erinnerst du dich an mich?"
Sofort bin ich wahnsinnig aufgeregt.
„Ja sicher!", rufe ich, „Toni der Frisör!"
Toni lacht und sagt: „Ja, genau. Toni der Frisör. Ich habe eine gute Nachricht für dich: Deine Perücke ist fertig! Und ab jetzt kannst du sie wann du willst abholen."

„Ja, danke Toni!", rufe ich, „darf ich gleich morgen kommen? Ich muss nur noch Rilana fragen, ob sie Zeit hat!"

„Ja ist gut", sagt Toni, „dann kommt ihr morgen zu zweit."

„Ja, bis morgen", sage ich noch und lege auf.

Sofort rufe ich: „Mama! Ich bekomme meine Haare!"

Im nächsten Moment stürmt Mama die Küche, umarmt mich und sagt: „Das ist toll, Mila. Wann können wir sie abholen?"

„Morgen schon!", rufe ich.

Mama hat Emil auf dem Arm und auch er freut sich.

„Mila neue Haare!", sagt er.

Gleich danach rufe ich Rilana an und sie verspricht morgen mit zum Frisör zu kommen, um meine Perücke abzuholen. Ich bin so aufgeregt, dass ich heute Nacht fast nicht schlafen kann.

Aber am allerschnellsten klopft mein Herz, als Toni die neue Perücke am nächsten Tag in der Hand hält und mir zeigt. Ich habe sie noch nicht aufgesetzt und trotzdem finde ich sie jetzt schon wunderschön. Jede einzelne von Rilanas Locken wellt sich hübsch bis in die Längen. Es sind so viele Haare, dass ich mich bestimmt erst einmal an sie gewöhnen muss.

Rilana steht neben mir und bestaunt die Perücke auch.

„Das konnte man nur mit meinen Haaren machen?", fragt sie fasziniert.

„Ja du hast sehr besondere Haare", antwortet Toni, „sie sind sehr dick und sehr lang. Und sehr gesund waren sie auch. Deshalb konnten wir so eine schöne Perücke daraus machen."

Rilana nimmt eine von den Locken an der Perücke in die Hand.

„Wirklich schön", sagt sie, „setz sie doch mal auf, Mila!"

Noch ein bisschen unschlüssig nehme ich die Perücke und versuche sie über den Kopf zu ziehen.

„Man zieht sie zuerst vorne über die Stirn und dann hinten auf", erklärt mir Toni, „fast wie bei einer Mütze."

Dann klappt es. Die neue Perücke sitzt perfekt auf meinem Kopf und um mein Gesicht kräuseln sich unzählige dunkle Locken. Ich erkenne mich selbst fast nicht wieder. Früher habe ich oft versucht, mir mich selbst mit Haaren vorzustellen, aber so schön, war es nicht einmal in meinen Träumen. Die Locken gehen mir bis über die Brust. Ich habe richtig lange Haare bekommen, weil Rilana so viel abgeschnitten hat. Und auf einmal finde ich mich wunderschön.

„Und gefällt sie dir?", fragt Toni.

Ich nicke nur, weil ich noch gar nicht weiß, was ich sagen soll. Aber da fängt meine Mama an zu lachen.

„Ich glaube", sagt sie, „diesmal fühlt sich Mila, als ob sie in einem Traum wäre!"

„Es ist noch viel schöner als ein Traum!", antworte ich, stehe auf und umarme Rilana.

„Danke, beste Freundin", flüstere ich ihr zu und sie lächelt.

Mama bedankt sich auch. Zuerst bei Rilana und dann bei ihrem Papa.

Aber Rilanas Papa sagt: „Ihr braucht euch gar nicht zu bedanken. Ich glaube Rilana ist auch sehr glücklich mit dieser Entscheidung."

„Mhm", sagt Rilana und nickt eifrig mit dem Kopf.

„Sie wollte ihre Haare früher für ihre Mama abschneiden", erklärt ihr Papa, „ich glaube sie ist sehr froh, dass sie jetzt doch noch jemanden mit ihren Haaren helfen konnte, oder?"

Rilanas Papa legt einen Arm um sie und sieht sie an. Rilana nickt.

Nur Emil sieht mich verstört an, weil er wohl nicht ganz versteht, was los ist. Eine Schwester mit Haaren kennt er ja nicht.

„Mila sieht jetzt ganz anders aus, stimmt's Emil?", fragt Mama ihn.

„Ja, komisch!", sagt Emil und sieht mich immer noch verwirrt an.

„Nein nicht komisch", verteidigt mich Rilana, „voll schön!"
Dann mustert sie mein Gesicht noch einmal ganz genau.

Hier trage ich zum ersten Mal
meine neue Perücke.

„Aber du siehst immer noch aus wie Mila", stellt sie fest, „es ist das gleiche hübsche Gesicht wie früher. Nur mit Haaren. Wie eine neue Mila!"

„Ja und die neue Mila, will jetzt allen ihre neuen Haare zeigen!", rufe ich begeistert und ziehe an Mamas Hand.

Ich darf heute noch Papa besuchen und danach noch meine Oma. Sie sollen alle meine neuen Haare sehen.

Die ersten Tage erschrecke ich jedes Mal fast, als ich in den Spiegel schaue. Die vielen Locken sind so ungewohnt! Aber sie sind wunderschön. Und am liebsten will ich sie gar nicht mehr absetzen.

Als die Sommerferien zu Ende gehen, freue ich mich sogar schon auf die Schule. Ich bin gespannt, was die anderen Kinder zu meiner Perücke sagen werden. Und ich bin gespannt, ob sie Rilana und mich jetzt manchmal mitspielen lassen und uns nicht mehr auslachen.

Am ersten Schultag gehen Rilana und ich gemeinsam in unsere Klasse. Ein paar von den anderen Kindern sind schon da. Ich sehe Max, Nadine, Jasmin und Marlene und noch ein paar andere Kinder.

Kaum haben Rilana und ich die Klasse betreten, werden wir verwundert angeschaut.

„Was ist denn mit euch passiert?", fragt Max.

Jasmin rennt sofort zu unserem Platz und Marlene kommt ihr hinterher. Sie schauen abwechselnd zu Rilana und dann wieder zu mir.

Dann sieht mir Jasmin einmal ganz tief in die Augen.

„Mila?", fragt sie, „bist du das?"

Ich nicke und sage: „Natürlich bin ich das. Oder erkennst du mich nicht?"

„Doch", sagt Jasmin, „aber was habt ihr mit den Haaren gemacht?"

„Wir sind jetzt Haarschwestern", sagt Rilana gelassen, „findest du das denn schlimm?"

„Ich finde es verrückt", sagt Jasmin schnippisch, „für den Glatzkopf hast du dir alle deine Haare abgeschnitten? Ihr seid doch durchgeknallt."

„Nein, wir sind einfach beste Freundinnen", widerspreche ich.

Jasmin und Marlene lachen uns aus.

„Ja", sagt Marlene, „und eine hat kurze Haare wie ein Junge und die andere hat eine Glatze unter ihrer Perücke. Ihr seid durchgeknallte Freundinnen. Und ihr seht beide komisch aus."

Früher war ich traurig, wenn Marlene und Jasmin so etwas gesagt haben. Aber heute stört es mich fast nicht mehr.

„Wir haben vielleicht weniger Haare auf unseren Köpfen", erkläre ich ihr ruhig, aber mit lauter Stimme, „aber dafür haben wir viel mehr Gehirn *im* Kopf, als du! Und das ist tausendmal wichtiger!"

Jasmin und Marlene hat es die Sprache verschlagen. Damit nehme ich Rilana an der

Hand. Wir gehen aus der Klasse und lassen die beiden einfach stehen. Wir laufen den Gang entlang, um Frau Arnold zu finden.

„Ist doch egal, was sie sagen", meint Rilana, „Hauptsache wir haben uns!"

„Ja du hast recht!", stimme ich ihr zu, „mir ist es jetzt auch egal! Und ich will auch gar nicht mehr mit den anderen befreundet sein. Ich will nur, dass wir beide Freundinnen sind."

„Ich auch", meint Rilana.

„Versprochen?", frage ich.

„Versprochen!", sagt Rilana.

Und dann laufen wir lachend über den Gang bis wir Frau Arnold gefunden haben.

Frau Arnold bewundert meine neue Perücke und sagt, dass Rilana eine echte Freundin ist, weil sie das für mich gemacht hat. Und ich finde, das stimmt.

Und ab heute sitzen in Frau Arnolds Klasse zwei Lockenköpfe direkt nebeneinander. Zwei Lockenköpfe, die die allerbesten Freundinnen sind.

Liebe Leserin, lieber Leser!

Jetzt, wo du am Ende des Buches angelangt bist, möchte ich dir DANKE dafür sagen, dass du meinen Kinderroman gelesen hast und hoffe, dir hat die Geschichte von Mila und Rilana gefallen. Wenn du mir deine Meinung zu meinem Buch sagen möchtest, kannst du das gerne online in einem Buchshop machen oder mir direkt eine E-Mail oder einen Brief schreiben. (Die Adressen findest du auf der ersten Seite.)

Wenn du noch mehr über Milas Krankheit und das Haare spenden erfahren möchtest, kannst du hier noch ein bisschen weiterlesen:

Die Krankheit „Alopecia areata" heißt auf Deutsch kreisrunder Haarausfall. Ungefähr eines von 300 Kindern ist von dieser Krankheit betroffen. Auch viele Erwachsene leiden unter dieser Krankheit. Bei manchen

Menschen fallen nur ein Teil der Haare aus, andere verlieren (so wie Mila) alle ihre Haare. Bei manchen wachsen sie wieder nach, bei manchen allerdings auch nicht.

Das liegt daran, dass sich die Immunzellen im Körper, die eigentlich gegen Krankheiten kämpfen sollten, bei dieser Krankheit ein bisschen verändern: Sie kämpfen plötzlich gegen die eigenen Haarwurzeln am Körper. Deshalb fallen die Haare aus.

Auch sehr vielen Kindern, die an Krebs erkrankt sind, fallen ihre Haare aus, weil sie sehr starke Medikamente bekommen.
(So wie es Rilana im Buch über ihre Mama erzählt hat.)
Durch Menschen, die wie Rilana ihre Haare spenden, können für solche kranken Kinder Perücken hergestellt werden, durch die sie sich oft wieder wohler und schöner fühlen.

Falls du selbst Lust bekommen hast, deine langen Haare zu spenden, kannst du deinen Frisör um Rat fragen oder dir im Internet verschiedene Vereine für Haarspenden ansehen. Diese arbeiten alle ähnlich, wie es im Buch über den Rapunzel Frisör beschrieben worden ist.

Ich habe selbst einmal meine Haare gespendet, als ich 14 Jahre alt war und habe es nicht bereut. Allerdings muss dieser Schritt gut überlegt werden, denn es hat fast zwei Jahre gedauert, bis meine Haare wieder so lang waren wie früher.

Es sollte sich also niemand drängen lassen, seine oder ihre Haare abzuschneiden. Das Wichtigste und Schönste an der Geschichte „Allerbeste Freundinnen" ist (für mich persönlich) nämlich gar nicht die Haarspende, sondern, dass Mila und Rilana zusammenhalten und sich füreinander einsetzen. Und das kann jeder, egal, welche Frisur man hat.

Ich wünsche dir alles Liebe und Gute und vielleicht sehen wir uns ja bald im nächsten Buch wieder!

Deine Julia Spindler